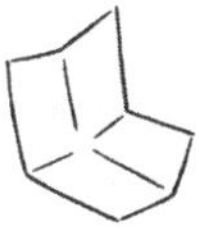

頼るのがうまい人がやっていること

有川真由美
Mayumi Arikawa

まえがき

あなたは職場や家庭のなかで、多くの「やるべきこと」を一人で抱え込んでいませんか？

「これができるのは、あなたしかいない」なんて言われれば、誰しもがんばってしまうもの。多くの自己啓発本にも「自分にしかできないことを大切に」「かけがえのないあなただからできる」などと書かれています。

しかし、「かけがえのなさ」は、「替えの利かなさ」にもなり、心をギリギリまで追い詰めてしまう要因にもなるのです。

誤解を恐れずに言います。

あなたの代わりはいるのです。

あなたができなければ、それによって困る人がなんとかしようとします。会社なら、誰かがその仕事を引き受けるでしょうし、育児や介護であっても、ほかの家族やご近所や友人、どうしても誰もいなければ行政などに助けを求めることもできるでしょう。ですが、ここではそんな極端なことを言っているのではありません。

すべて自分一人でやろうとしないこと。代わりにやってくれる人はいるのだから、辛いときは頼っていいことをお伝えしたいのです。

いまは頼れる人がいなくても、これからそんな存在を見つけたり、つくったりしていくこともできます。自分の心と体が壊れてしまう前に。

「頼りたくても頼れない」という人は、相手のこと、まわりの人たちのことを気遣い優先する、やさしい人でもあります。「みんな忙しいし」「迷惑になってはいけないし」「自分ばかりがたいへんなのではない」と考える、責任感の強いがんばり屋さんでもあります。頼ることでまわりに「ネガティブな影響を与える」と考えるから、頼れないのです。

でも、頼ることで「ポジティブな影響を与えている」と考えるとどうでしょう？

この本のなかで詳しく説明しますが、頼り頼られることは人間関係においても、目的を達成していくためにも有効。むしろ、本来そうあるべきことなのです。

これまで「頼りにくい」と考えていた人が、「そうだ。ここは頼ろうではないか。」と頭を切り替えると、頼るのがとてもうまくなります。

相手を気遣うことも空気を読むことにも長けた人、問題解決への責任感が強く、粘り強い人たちが頼ることを覚えるのですから、とんでもなく最強。相手が引き受けてくれる確率も高く、自分のできることにフォーカスしていけます。

万が一、引き受けてもらえなくても、そこで関係を強化して、つぎにつながっていくでしょう。

私は一人で会社を経営し、一人で暮らしているので、常に一人では解決できない問題に突き当たります。だから、経理関係で困ったらAさん、本の企画を相談するのはBさん、健康や病気の相談はCさん、旅行のことを聞くのはDさん……というように、頼る人が常に何人かいて、その都度、助けてもらいます。

来客があるときは、客人たちに料理を作ってもらい、体調がよくないときは、近所の友人に買い物をお願いします。

つまり、問題解決をまわりの人とシェアし、誰かにやってもらうのです。

以前、田舎暮らしをしていたときは、「よかったら、空港まで車で送ってもらえませんか?」「うちの草刈りもお願いしちゃっていいですか?」「お漬物の作り方、教えてください」と、70代・80代の方々にもあれこれ頼ったものです。

「私は頼ってばかりで、なにもお返しできないですね」と嘆く私に、80代のご近所さんは笑って、こう言ってくれたのでした。

「お返しなんていらないよ。あなたがこの集落に住んでくれるだけで、みんな元気になっているんだから。年寄りにとっていちばん嬉しいのは、誰かが頼ってくれること。いちばん寂しいのは、誰も必要としてくれないことよ」

私はその言葉に甘えて、散々お世話になっていたのです。お米もお野菜もいただけるので、仕事がなくなってもここで生きていけるのではと思ったほど。

その集落では毎月1回、女性だけのお茶会を開いていました。顔を合わせると、近況や楽しいことばかりだけでなく、自然に困っていることも話すものです。体の調子がよくないこと、家の修理が必要なこと、強引な訪問販売がくることなどをシェアして、誰かがアドバイスをしたり、手助けしたりしていました。

そんな〝頼り合えるコミュニティ〟は、どこでも、何歳からでもつくれると思うのです。

会社のなかでも、家庭のなかでも、頼ることで、つながりは強く深くなっていきます。

〝自立する〟とは、自分一人でなんでもすることではなく、たくさんの頼る人、頼るものをもつことなのです。


この本は、頼ることの重要性と、〝頼るスキル〟を伝えるために書きました。

頼るのがうまくなると、人生がいい方向に進み始めます。

ひと言でいうと、人生のサポーターが増えて、気がラクになるのです。

職場でも近所でも、友人のなかにも、気軽に相談できる人が一人でもいると、ほんとうに心強い。少々たいへんなことがあっても、なんとか乗り越えていけます。

この本を読んで〝頼るスキル〟を身につけると、こんなことが起こり始めます。

＊一人で抱え込むことがなくなり、心と体が健康になる

＊自分の得意分野を伸ばし、人の得意分野から学んで成長できる
＊自己肯定感、自信が高まり、なにごとも積極的になる
＊ネガティブなことが起きても、立ち直りが早い
＊人から応援してもらえ、チャンスを引き寄せる
＊人とのつながりが生まれて、ネットワークが広がる
＊正直に生きられて、思い描いたことが実現しやすくなる

〝頼るスキル〟はどんな人でも、何歳からでも身につけることができます。

頼るスキルの高い人は、人間関係も、精神的、経済的にもどんどんゆたかになり、反対に頼ろうとせず、頼るスキルを磨けない人は、どんどん孤独になり、心も体もお金も消耗していくでしょう。

現代は、「人に頼れること」が自分の身を守り、成長、成功していく鍵となります。

〝頼る力〟で、あなたの人生は輝くのです。

有川真由美

第2章 頼れるようになるスモールステップ

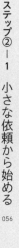

第3章　「頼るのがうまい人」がやっている習慣

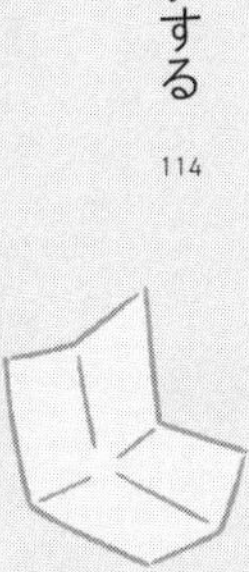

カバーイラスト　森優
カバー・本文デザイン　bookwall
校正　ペーパーハウス
編集　北村耕太郎

第１章

「頼ること」への心のブレーキを外しましょう

あなたの「人に頼れる度」は何%？

あなたは、どれくらい人に頼れますか？

第1章の本題に入る前に、あなたの「人に頼れる度」をチェックしてみましょう。「私は意外と頼れているほうだと思う」という人も、頼るときは遠慮がある場合もあります。

このスコアはあくまでも目安にすぎず、良い、悪いと判断するものではありません。自分の性質や、頼ることへの抵抗感を見つめて、これからどうありたいか、自分が頼るためにはどんな方法が合っているのかを考える材料にしてください。

【「人に頼れる度」チェック】

次の項目で、あなたはいくつ当てはまっていますか？

□人になにかしてもらうとき「すみません」が口癖

□「人に頼むより、自分でやったほうが早い」と思う

□簡単に人に頼っている人を見ると、無性に腹がたつ
□「人に迷惑をかけない」が信条
□大丈夫でなくても、つい「大丈夫」と言ってしまう
□頼んで断られると、「もう二度と頼まない」と思う
□仕事ができないのは、〝自己責任〟だと思っている
□知らない人に道を尋ねるのは、わりと抵抗がある
□完璧主義で、全部自分でやらないと気が済まない
□自分から頼むのも嫌だが、人から頼まれるのも嫌

「100－(当てはまる個数×10)＝人に頼れる度(%)」です。「自分はどれくらい頼ることに抵抗があるか」を認識するだけでも、現状を変える力になります。

頼ることにブレーキをかけているのは、なんらかの「思い込み」。第1章ではその思い込みについて考えていきましょう。

Point
頼ることへの抵抗感は、誰でも多かれ少なかれあるものです

思い込み 1

「自分のことは自分でやらなければいけない」は本当？

複雑な社会では、むしろ一人でできないほうがあたりまえ

「人に頼れる度」が高い人も低い人も、すべての人に共通する事実があります。

それは、幼いころは、誰もが人に頼っていたということ。子どもは「できなくてあたりまえ」ですから、生活のすべてを大人に頼らなければ生きられなかったはずです。困ったときは当然のように助けを求め、誰かの厚意を素直に受けていたでしょう。

ところが、いつの間にか「大人は一人でできるのがあたりまえ」が前提になり、「自分のことは自分で」「自分のやることに責任をもつべき」「人に迷惑をかけてはいけない」などと言われてきたので、大っぴらに人に頼ることができなくなってしまったのです。

加えて、現代は便利な家電やコンビニ、宅配、家事代行など、お金を出せば助けてくれる商品やサービスはいくらでもあります。おとなりさんにお醤油を借りに行っていた時代と違って「自分のことは自分で」の風潮はますます進んでいきました。

「頼りたい。でも……」という心のブレーキは、成長しながら身につけてきた解決能力や責任感、まわりへの配慮など、大人の〝社会性〟の裏返し。とくに真面目で優しい人ほど、自分一人で問題を抱え込んでしまう傾向があるのです。

でも、ここでよく考えてみてください。

「頼りたい。でも、自分で解決するべき」「頼りたい。でも、相手に迷惑がかかる」「頼りたい。でも、どうせ断られるだろう」という「でも」からあとは、思い込みによる勘違いがほとんど。実際は、頼ったほうがうまくいく場合が多いのです。

複雑な社会で生きる大人こそ、「一人でできてあたりまえ」ではなく、「一人でできなくてあたりまえ」。誰もがなにかしら人の力を借りながら生きています。また、人を頼ったとき、断られることもあれば、引き受けてもらえることもあるでしょう。

心にブレーキをかけていた思い込みに気づくことが、最初のステップ。「言ってみなきゃわからない」と考えると、心のブレーキは少し緩まるのではないでしょうか。

Point

「できてあたりまえ」ではなく、「できないのはあたりまえ」と考えましょう

思い込み 2

頼ってはいけない〝空気〟がある？

「助けて」と気軽に言える空気は自分でつくれます

さまざまな国を旅したり住んだりして、日本人にとっていちばんの危機だと感じたのは、防衛や食料、エネルギーの問題ではなく、じつは〝孤独〟の問題でした。

ほかの国と比べて「頼ってはいけない〝空気〟」が充満していると感じたのです。子どもから若者、お母さん、サラリーマン、高齢者まで多くが孤独を抱えています。

たとえば、ブラックな労働を強いられても、真面目な人ほど「頼ること＝悪いこと＝恥」という概念が根強く、自分が壊れるまで働いてしまう。極端な話、「助けて」と言うことよりも、死を選んでしまうこともあるのです。

幼い子どもを抱えたお母さんが「身内にも友人にも頼れない」率は、日本が世界一高いというアンケート結果もあります。

台湾で暮らしていたころ、友人や近所の人からいきなり、「ちょっと出かけるので、子どもを預かってもらえますか？」と頼まれたものでした。最初は戸惑ったものの、子どもたちのほうが他人と過ごすことに慣れていて、「ラーメンを食べたい」などと要求してくるほど。私もだんだん情がわいてきて、子どもを預かるのが楽しみに。なにより「自分を頼ってくれる」というだけで、異国の地でつながりを感じられたのです。

日本人は〝空気〟を敏感に読んで、ものすごく気を遣う特性とともに、人と人の間には〝バリア〟のような壁があって、人を助けることにも助けられることにも遠慮があります。「頼ってはいけない〝空気〟」は、まわりに合わせる同調圧力、相手のことに立ち入ってはいけないという礼儀、すべては自分の責任という自己責任主義、上下関係を軸とするコミュニケーション文化など、さまざまな要因で生まれています。

しかし、この外的要因で刷り込まれた思い込みを修正していくことは、十分可能です。

これから「頼ること＝いいこと＝誇り」という価値観を、ダウンロードしていきましょう。

Point

「頼ること＝悪いこと」ではなく、「頼ること＝いいこと」と考えてみましょう

思い込み 3

「頼る人＝弱くて情けない人」だと思っていませんか？

「困ったときは、お互いさま」の空気が生まれるために……

私が台湾で暮らして感じていたのは、社会全体に「困ったときは、お互いさま」という〝頼ってもいい空気〟があること。道に迷ってキョロキョロしていると、通りかかった人が目的地まで連れていってくれるのは日常茶飯事。また、留学先の大学のオフィスで履修登録ができなくて困っていると、居合わせた学生が、登録が完了するまで1時間以上、付き合ってくれたこともありました。自分ができないことは誰かが解決してくれるので、異国なのに孤独にならず、なんとか生き延びていけるという安心感がありました。

私が「時間をとらせて申し訳ない」と恐縮しても、相手は「誰でも困ることがあるから、助けるのはあたりまえ」「問題が解決できて、私も嬉しい」などと満足げな表情をして、爽やかに去っていきました。そんな〝頼ってもいい空気〟が循環しているのは、「人間は、誰かの力になることが喜び」「機会があれば、助けたいと思っている」と、助ける側にも喜びがあることをわかっているからでしょう。

日本人が遠慮するのは、助けられたほうだけがなにかを得ると考えているので、助けてもらうと「迷惑をかけた」と恐縮するだけでなく、「貸しをつくってしまった」と考えるのです。助けるほうも「やってあげる」と上から目線の感覚。職場や地域などで、最初からざっくばらんに頼り合える空気があれば、そこに入っていく人も「頼ってもいいんだ」と感じて、頼ることへのハードルは低くなります。

頼ること、助けることへのハードルを自分だけでも下げてみると、まわりに頼ってもいい空気ができてきます。日本人も元々は、頼り合う環境で暮らしてきたのですから、頼る練習をすることで、すぐに慣れていくはずです。

頼るために必要なのは、そこにポジティブな意味をもたせること。ほんとうは頼ることこそ強さであり、相手への信頼。頼り合う空気は、自分でつくれるとわかれば、「ちょっと手伝って」と言うハードルはいくらか低くなるのではないでしょうか。

Point

頼ったり頼られたりで〝信頼関係〟は生まれます

思い込み
4

頼みごとをしたら、迷惑になる?

「人から頼られること」の気分のよさは、過小評価されています

私たちは助けられる側と助ける側で、助けられるほうが得をして、助けるほうは損をしていると考えがち。だから、「頼みごとをすると嫌がられる」と考えてしまうのです。

そして、助けられたあとは、「ギブ&テイク」でなにかお返しをしなければとプレッシャーになったり、助けたほうはお返しや感謝がないと、「あんなにしてあげたのに」と恩着せがましい言い方になったりしてしまいます。

でも、「頼みごとをすると嫌がられる」は大きな誤解。人から頼られることほど、気分が上がるものはありません。職場で後輩から「仕事を教えてほしい」と頼まれること、同僚から「プロジェクトチームに加わって」と誘われること、友人から「相談に乗って」と連絡があること、親から「旅行に連れていって」とお願いされることなど、自分は信頼されている、必要とされていると実感できるからです。「自分はここにいてもいいの

だ」と、存在価値を認めてもらった感覚さえあります。

そして、なにかしてあげた相手が「喜んでくれた」「自分が力になれた」、それだけで満足できて、じゅうぶんお返しをもらったようなもの。人間のいちばんの喜びは、「なにか与えてもらうこと」ではなく、「自分がなにかを与えられること」にあるのです。

電車で席を譲ったとき、ものすごくいい気分になった経験は多くの人があるはず。相手の喜ぶ顔を見て「私って意外にいい人だな」と自己肯定感が高まり、感謝されて承認欲求も満たされます。親切にすることは、心の健康を取り戻す効果もあるのです。

人に与えた恩は〝恩返し〟で直接返ってこなくても、〝恩送り〟によって、いつかどこからか返ってくるもの。私たちは社会全体で、恩を送ったり返したりしているのです。

頼みごとをするのは「恥ずかしいこと」ではなく、相手にとって「最高の気分を引き出すこと」と考えてみませんか？　もちろん、相手が引き受けるか断るかは別問題。こちらから心を開いて信頼と尊敬を示すだけでも、大きな意味はあると思うのです。

Point

人に親切にすると、相手よりも自分が元気になれます

思い込み 5

頼みごとをしたら、ダメなやつだと思われる？

いえいえ、頼みごとに応じると、相手のことを好きになって尊敬します

「子どものことを夫や親やママ友に頼みたいと思うことがあったが、〝ダメな母親〟だと思われるのが嫌で、頼めなかった」と言っていたお母さんがいました。

彼女は「ちゃんとしたお母さんでいたい」と仕事を辞め育児をぜんぶ一人でやろうとした結果、心が壊れて子どもに当たり、子どもも問題行動を起こすようになったとか。

一方、仕事をなんとか続けながら、子どもを何人か産み、仕事や育児だけでなく、自分の趣味や学びも楽しんでいるお母さんもいます。そんな人は「子育ては一人ではぜったいに無理。夫や親やママ友の手を借りないと成り立たない」という〝頼り上手〟。

ある管理職の女性は、夫も仕事で忙しく、親も近くにいなかったため、保育ママさん、近所の友人、仕事の後輩など頼る人をつねに4、5人確保していたといいます。

「助けてくれる人がいる」というだけで心の余裕が生まれて、一つひとつの活動に集中

できます。また、頼みに応じる側も情がわいて、相手を応援したくなるのです。

〝頼り上手〟は、〝愛され上手〟。部下たちから愛されている上司は、大抵、完璧な人ではなく、できないことは「ちょっと頼まれてくれないかな？」とまわりを頼り、「○○さんがいてくれて助かった」などと感謝と尊敬を示しているもの。だから、部下は助けたくなるし、信頼してくれる上司のことが好きになります。そして、好意的に見るようになると、相手の弱点より、長所や尊敬する点に目が向くようになるのです。

この心理をわかっている人は相手の心をつかむために、わざと頼みごとをするほど。後輩は「先輩、相談にのってもらえませんか？」と味方になってもらったり、ホステスさんはお客に「誕生日なので会いに来て」などと甘えて店に通わせたり。相手のために動けば、「それだけ大切な人」として気持ちは後追いしますから。

相手を頼ることは、〝弱さ〟ではなく、〝強さ〟であり、〝たくましさ〟。自分も頼る相手を好きになり、相手からも好かれるのですから、仲良くなるのは当然なのです。

Point 頼ることは、相手との距離を縮めて、つながりを強くします

思い込み 6

気を遣いすぎて、頼めない？

複雑に考えず、シンプルに心を開くだけでいい

「上司に有給休暇の申請をしたいけど、先月も取ったから機嫌を悪くしそう」とか「部下に仕事を頼みたいけど、忙しそうだし、いまはやめておいたほうがいいかな」などと、あれこれ気を遣って言い出しにくい人は、〝繊細さん（ＨＳＰ）〟の傾向があるかもしれません。ＨＳＰ（Highly Sensitive Person）とは、生まれつき、非常に感受性が強くて敏感な気質をもった人。場や人の空気を深く読み取り、処理する能力に長けていますが、情報を読み取りすぎるために必要以上に疲れてしまう原因にもなります。

じつは、私も少々この気質があるために、頼みごとをするのが、とても苦手でした。「頼むくらいなら、我慢しよう」「自分でやってしまおう」と、相手になにを言われたわけでもないのに、勝手に息苦しくなっていました。

「頼みごとをするときは、相手の気持ちを思いやって」「状況やタイミングを見て」な

どといわれますが、繊細さんには必要はないでしょう。息をするように相手のことを感じ取っているので、「あえて、空気を読まない」くらいがいいのです。

また、繊細さんはものごとがうまく進まず、人に頼む状況になったとき、「私の要領が悪いから」「頼み下手だから」「気が弱いから」などと、自分を責めることに矛先が向かうのも特徴。だから、あれこれ複雑に考えないで、「しょうがない。頼みたいんだから」と、シンプルに心を開くだけでいいのです。

繊細さんは大抵、まわりから「いい人」「やさしい人」と思われているものです。

しかし、まわりにはやさしくても、自分にはちっともやさしくない。私は「自分が幸せでないと、人を幸せにできない」「自分が頼めば、相手も頼みやすくなる」と考えるようにしてから、頼みやすくなりました。2章、3章でお伝えしますが、頼み方のスキルを身につけて、いままでは〝頼み上手〟と自負しているほど。

人を思いやれる繊細さんが、自分を優先して頼めるようになると最強なのです。

Point

不確定な相手の気持ちより、「頼みたい」という自分の純粋な気持ちに重きを置きましょう

思い込み 7

断られるかもしれない？

「断られたらどうしよう」と不安がらず、「断られたらこうしよう」と考えておきましょう

ドイツで幼少期を過ごした友人に「ドイツのお母さんが子どもを他人に預けることができるのはなぜ？」と尋ねたら、「ドイツ人は正直。頼まれる人がYES・NOをハッキリと言うから、頼みやすいんじゃないかな」という答えが返ってきました。

つまり、OKならば、「ほんとうは嫌なのでは？」などと詮索せず、あっさりと頼む。NOならば、仕方がない。断る理由も「その日は来客がある」「最近は体調がすぐれない」「子どもを預かる自信がない」など、正直に伝えてくれるから、相手を理解できて距離感もつかめ、次に頼むときの判断材料にもなるわけです。

日本人は、相手に断られると、気まずくなったり、ダメージを受けたりして、「もう二度と頼まない」などと考え、その人自身に悪い印象をもってしまうこともあります。

しかし、頼まれた相手が悪いのではなく、断るのはたまたまタイミングがよくないな

ど、いろいろな事情があるからです。

そもそも「頼む」ということは、こちらの都合。たとえば仕事を「引き受けるか、断るか」は相手側に選ぶ権利があります。「私がたいへんなのを知っているのに、助けないなんてひどい」というのはお門違い。「じゃあ、また今度」と言えばいいだけです。

とはいえ、頼みごとをするときに、「断られたらどうしよう」という不安はつきもの。そんなとき、事前に「断られることもある。そのときはこうしよう」と考えておくことで、頼む勇気がわいてくるはず。断られても「相手に一歩近づけた」と前向きに。

「一度断った相手が、次も断るだろう」というのも勘違い。ある研究では、最初に断った相手に別の頼みごとをしたとき、引き受けてくれる確率は高まるとか。誰でも断ることへの罪悪感が多少はあるので、「今度は引き受けよう」と思うのです。

頼む側は断られることも前提で頼む、頼まれる側は正直に応じることで、頼りやすい関係になるはずです。

Point

頼む側も、それに応じる側も〝正直さ〟が大事です

思い込み 8

自分でやったほうが早い？

「自分でやる」だけでは限界があります

保険の営業をしている男性が、こう言ったことがありました。

「後輩に頼みたい仕事があるけど、つい『自分でやったほうが早い』って思うんです。『あなたでないと困る』という顧客も多いから、山ほど仕事を抱えている状態です」

このような〝自分でやったほうが早い病〟は、頼れない人の典型パターン。家事を夫や子どもに頼みたいけど「自分でやったほうが早い」、フリーランスが経理や書類作成をやってくれる秘書を雇いたいが「自分でやったほうが早い」、きょうだいに親の介護を手伝ってほしいが「自分でやったほうが早い」というように、まるで慢性病のようにしんどい状態で、そこから抜け出すことができません。

そんな病にかかる人は、仕事のできる人が多く、人に任せても「教えている時間がもったいない」「指示どおりにやってくれない」「自分がやり直して二度手間」と思うもの。

でも、ほんとうは自分でもわかっているはずです。

「自分でやる」だけでは、いずれ限界がくることを。一人でこなせるうちはよくても、キャパオーバーしたとき、チームプレーになったとき、自分が休みを取りたいときなど、まわりに仕事を教えてこなかったツケが回ってきます。

この根本原因は、「自分がいちばんできる」と思いこんでいること。自分が認められたい利己主義や、きっちりしないと気が済まない完璧主義もあるかもしれません。

「自分でやったほうが早い病」の処方箋は、「頼ることでまわりも成長できるし、自分も人として成長できる」と全体に意識を向けること。まわりを「できる人」として頼れば、やり方を覚えるだけでなく、よりよい方法を生み出してくれることもあります。

そして、自分の大事なことに集中しましょう。多少クオリティが低くても、協力してもらうことに感謝するようになります。いまだけでなく、環境全体の将来を考えれば、頼ることを覚えたほうが、自分の可能性も、チームの可能性も広がっていくのです。

Point

まわりを「優秀な人」として頼ると、本当に「優秀な人」になっていきます

思い込み 9

「人に頼る、頼らない」の判断が難しい?

キャパオーバーになる三歩手前で、人に頼りましょう

一人暮らしをする90代の女性が「料理や掃除、田畑の作業など、人に頼りたいときがあるけど、自分でできることは自分でしないとね。それが生活のハリになっているし、甘えるとどんどんダメになっていく」と言っていたことがありました。買い物の送迎は近所の人に頼っていて、自力と他力のバランスが絶妙な生活でした。

「頼れるものは、なんでも頼ったほうがいい」と思ってしまいがちですが、すべて頼ればいいというものではないのです。

仕事もすぐに「無理~誰かお願い~」と頼ってばかりいると、「それは甘えすぎ!」と反撃に遭うし、経済的に「金欠なのでお願い」と頼るようでは社会的な信用を失うでしょう。かといって、ぜんぶ自分一人で抱えては、自分が潰れてしまいます。

「人に頼むか、自分でやるか」の線引きは、人によっても違い、悩ましいものです。

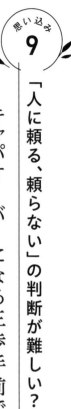

ここでは「頼るかどうか」の判断基準について考えてみましょう。

基本的に、私たちは頼りたいと思ったら、どんな場合でも頼ることができます。ですが、ほとんどの人は「自分でできることは自分でする。できないことは人に任せる」と、自分のキャパオーバーになった部分をお願いしているようです。

しかし、自分でできることでも「つらい」とストレスに感じたら、頼ってもいいのです。逆に、自分でやるのがむずかしいことでも「ここは自分でやりたい」「安易に甘えたくない」という意思があれば、自分でやる。つまり、物理的に「やれるかどうか」ではなく、気持ち的に「やりたいかどうか」「前向きになれるかどうか」で決めるのです。「ここまでいける」と思うギリギリのラインよりも少し手前で、人の力を頼りにするほうが心の健康と積極性は保たれるもの。気持ちの余裕があれば、まわりに目を向けて、困っている人に手を貸すこともできます。

道標は、常に心のなかにあります。ご機嫌に歩いていける頼り方をしてください。

Point

「頼るかどうか」の基準は、仕事のキャパではなく、心のキャパです

思い込み
10

他人に頼んだら、甘えている？　自立できていない？

自立することは、たくさんの頼れるものをもつことです

台湾の大学の卒業式で、教授が若い学生たちにこう話したことがありました。

「これからあなたたちは人生のなかで、何度も道に迷うでしょう。そんなときは一人で迷わず、誰かに頼りなさい。一人でできることはたかが知れている。人の力を借りれば、あなたの力は何倍にもなりますから」

そして、誰にも頼らず一人で生きることが自立ではなく、いろいろな人やものに頼りながら自分の行きたい道を進んでいくのが真の自立だと、教えてくれたのです。

台湾にはもともと助け合う文化がありましたが、10年以上前に教授がそう話したのは、人とのつながりが薄れていく時代の流れを感じていたのかもしれません。

「人に頼るのは、甘えているようで苦手」という人は、頼ることは手を抜いて80％の力でやることではなく、自分のマックス100％の力を人の力が加わって

200%、1000%にしてくれると考えると、見方が変わってきませんか？

大人になるほど「頼ってはいけない」という呪縛があるものです。ですが、一人だけで完結できる完璧な人間はいません。若いころは何度も道を間違え、つまずき、いずれ年をとって杖なしでは歩けなくなります。それでも、たくさんの頼れる人や頼れるものをもって、ご機嫌に歩こうとするのが誇り高き姿だと思うのです。

心理学者の河合隼雄氏も「自立ということは、依存を排除することではなく、必要な依存を受け入れ、自分がどれほど依存しているかを自覚し、感謝していることではなかろうか」という言葉を残しています。

適切に頼ることが重要で、それを我慢すれば、体に毒が溜まるように疲労したり、体調が悪くなったり、精神的にも不安定になったりします。

人の迷惑にならないようにするのではなく、助け合える関係性をつくっていくことが、大人のかっこいい生き方だと思うのです。

Point

自分を支えてくれている人やものに感謝しましょう

思い込み 11

孤独だから、頼れない？

孤独だからこそ、たくさんの人に頼って、ゆたかな恩恵を

どうやら時代は、どうあがいても独身が増えて、少子高齢化が止まらないようです。40代、50代の人と話すと、「老後に頼れる人がいない」というテーマになることがよくあります。「夫も子どもも頼れない」「離婚や死別で最期は一人になるかも」「貯金も心許ない」など不安があって、一人になったときに生き抜ける自信がないというのです。

しかし、私は孤独だからこそ、人とつながる機会が多いと実感するのです。一人暮らしをしていると、「〇〇を手伝いましょうか」と声をかけてくれる人が出てくるもの。引っ越して半年の家でも、家の修理をしてくれる人、重いものを運んでくれる人、パーティー料理を作ってくれる人など頼れる人ができました。これが配偶者などの家族がいると、声をかけるほうも、頼むほうも、いくらか遠慮があるのではと感じます。

旅行をするのも大抵、一人旅。だからこそ、友人の家に泊まったり、現地の人に溶け

込んで交流したり、偶然の出会いにのっかって行動したりしやすいのです。

もちろん、家族や友人といて得られる恩恵や心強さもあります。いざというときは身内が頼りになるという人もいるでしょう。ここで伝えたいのは、孤独な人が頼ることを覚えると、不安はやわらぎ、豊かな恩恵を受けられるということです。

私の尊敬する画家、山下清さんは知的養護施設を抜け出し、「お父さんもお母さんも死んでしまって、お母さんが死ぬ前、腹が減ったら、よその家でおむすびをもらって食べろと言いました」と嘘も方便で孤独な身の上話をして、10年近くも旅をしていました。

素朴な人柄や時代のおおらかさが手伝って、10軒に1軒はご飯を食べさせてくれ、住み込みで働かせてくれるところもあったとか（そこも短期間で抜け出すことになりましたが）。「ありがとう」を忘れないのも、頼って生きる礼儀でした。

清さんがどうしても欲しかったのは、「自由で、なにからも束縛されない時間」。自由であるための唯一の方法が、孤独な人として、人を頼り続けることだったのです。

Point

人生は一人旅のようなもの。道を尋ねるように、多くの人を頼りましょう

思い込み 12

プライドが高くて、頼ることがストレス？

頼れないリスクのほうが危険です

「できることなら、人と関わらないで生きていきたい」という人は少なくありません。そんな人は大抵、プライドが高く、人に頼ることが最大のストレスになっているはず。どんな年代でもプライドの高すぎる人は、弱さを素直に見せることができないのです。

ある新入社員の女性は、仕事で頼ることができずに顧客に迷惑をかけ、クレームを上司に報告することもできないために大問題に。人に「弱みを見せたくない」「叱られたくない」「ダメなやつだと思われたくない」というプライドの高さから、仕事も人間関係もうまくいかず、すっかり自分の殻に閉じこもるようになったといいます。

また、ある高齢男性はゴミ屋敷に近い状態なのに、民生委員が来ても「こんな状態を見られたくない」「いまさら新しい人間関係を築くのは面倒」「構わないでくれ」と追い返してしまう。近くに住む娘たちにも〝威厳ある父親〟でいたいのか、いつもイライラして当たり散らす。昭和の男性特有の「甘えてはいけない病」があるのでしょう。

そんな人たちにとって「頼ること」は「プライドを捨てること」と同義語。「認められたい」承認欲求が人一倍強いのに、さらに醜態を晒す末路が待っています。

人に頼ることは多少のストレスになりますが、人に頼れないことで生じるストレスも、思った以上に大きい。「甘えられず重圧で苦しい」「がんばりすぎて心と体を壊す」「人間関係がうまくいかず孤立する」「最後まで助けを呼べない」なども起こりえます。

私もどちらかというとプライドが高いほう。自信がないから、人からどう思われるかが気になるのです。プライドが邪魔するときに「自意識過剰。自分のことなど人は気にしていない」と考えるようにして、素直に自分の弱さも見せられるようになりました。

また、「こんな自分もいいじゃない」と、どんな自分も肯定する習慣は、自尊心を高めるので、人からの評価はあまり気にならなくなります。頼ることを覚えて「頼っても頼らなくても、どちらでもいい」と考えると、ストレスは激減するのです。

Point

プライドの高い人は「人は私にさほど関心がない」と自分に言ってあげましょう

頼ることで、自分もまわりも幸せになれます

第1章では、「どうしてあなたは頼れないのか」をテーマに、頼ることにブレーキをかけているさまざまな〝思い込み〟について、お伝えしてきました。

「迷惑がられるかもしれない」「断られるかもしれない」「自分でやったほうが早い」とネガティブな方向に考えてしまうのは、結局のところ、自分も相手も信じられていないからではないでしょうか。

「人に頼る自分でも価値がある」と信じて、「人は誰かを助けることで、いい気分になれる」「世の中、親切でやさしい人も多い」「自分ができないことをやってくれる人もいる」と、まわりの人のことを好意的に見ている人は、あっさり頼ることができるのです。

幸せな成功の仕方をしている人というのは、気軽にいろいろなことを頼んできます。

「アリカワさんに手伝ってほしい仕事があるんです」「〇〇について教えてもらえますか？」「一緒にイベントをやりませんか？」というように。

そして話をすると、決まって「スタッフや取引先の方たちに助けられています。私ができない分、みんなが優秀でしっかりしているんで」などとまわりに感謝しています。

ある友人女性も、そんな一人。彼女はいくつもの会社を立ち上げ、数十のプロジェクトを成功させてきたけれど、彼女の口から「忙しい」という言葉を聞いたことはありません。それどころか「それぞれの担当スタッフが積極的にアイデアを出して、どんどん実行してくれるので、私の出る幕はないんです」と言うほど。一人ひとりを信頼して任せているから、相手も期待に応えようと張り切るわけです。

心を開いて頼ることで、自分も相手も幸せになれます。頼ったり頼られたりしているうちに仲間意識が生まれて、つながりは強くなります。

本来、誰もがもっている〝頼るスキル〟は、社会人としてもっとも必要な力。第2章では、具体的な頼れるようになるステップについてお伝えしていきましょう。

Point

まわりの人は〝敵〟ではなく、自分の〝味方〟だと考えましょう

第 2 章

頼れるようになる
スモールステップ

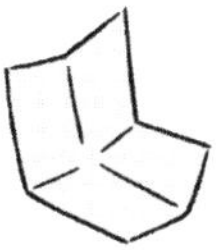

誰でもコツをつかめば、〝頼み上手〟になれます

頼みごとが気軽にできる人は、明るくて積極的な性格だと思われがちですが、性格の問題ではありません。外向的な人でも、人に頼むのが苦手な人はいるし、内向的な人でも、甘え上手な人もいます。

頼む勇気があるとか、場数を踏めばいいとかいう問題でもありません。何度も頼んで断られてばかりだったら、だんだん頼むのも嫌になってくるでしょう。

まわりの人に気軽に頼める人、無理難題も頼んでしまえる人、引き受けてもらえる率が高い人など、いわゆる〝頼み上手〟な人は、「頼み方」を心得ているのです。

大事なのは、「なにを頼むか」ではなく、「どのように頼むか」なのです。頼み方を知っていれば、状況によってアプローチを変え、引き受けてもらえる率が高まります。

しかし、頼み方がわかっていないばかりに、多くの人は、申し訳なさそうに恐る恐る切り出します。それでは相手も、恐る恐る話を聞き、助けることにも躊躇します。

逆に、押しつけや高圧的な態度で頼む人もいます。自分の都合で頼んでいるのに「あなたのためでもあるから」などと相手に責任転嫁する人もいます。相手は渋々引き受けても、コントロールされている気持ちが拭えず、いい気分がしないでしょう。

頼み上手な人は、相手が「それ、やらせて！」「任せて！」と、自発的なやる気がわいて、「喜んでくれて嬉しい」と気分のよさを味わえるような頼み方をしています。頼んだ相手との間に信頼が生まれ、何度も頼んでいるうちに強いつながりが生まれます。

私たちが思っている以上に、人はみな誰かの力になりたいと思っています。

頼み方さえ間違わなければ、頼まれることを喜んでくれるのです。

「頼み方」というのは、生きていくためにいちばん大事なスキルであるのにもかかわらず、教えてもらうことがありません。この章では頼るスキルを①頼る前、②頼る最中、③頼ったあとの3ステップに分けて解説していきますので、一つひとつ試す感覚で実行してみてください。

Point

頼み方のいちばんのポイントは、相手の自主的な気持ちを引き出すことです

ステップ①—1
「相手がいまどんな状態か?」を見て頼む

まずは頼む相手の状態を見ることが重要です。

子どものころ、親の機嫌がよさそうなときを見計らって、お小遣いアップの交渉や、プレゼントのおねだりをした人は、多いのではないでしょうか。教わらなくても「相手の気分がいいときが、頼みごとの成功率が高い」と心得ていたのです。

職場でちょっとした手伝いを頼みたいときも、忙しそうに走り回っている人ではなく、手が空いていそうな人に声をかけるはず。頼みごとをするのに、「相手がいまどんな状態か?」タイミングを見るのはとても重要。時間の余裕、心の余裕があるときは、人にもやさしくなれるし、頼みごとも受け入れやすいのです。

相手がいつも忙しくしていてタイミングがつかめない場合は、相手のスケジュールのいちばん負担の少ないタイミングで、「いま、5分ほどお時間よろしいですか」「午後から10分ほどお時間いただけますか」と伺いを立てて、すり合わせをするといいでしょう。

相手の都合を確認しながら頼みごとをするのもあり。たとえば仕事仲間に「仕事を頼みたいんだけど、最近は忙しい？」と聞いて、「来週まで忙しいので、それ以降なら」と返事があった場合、部分的にほかの人に頼むなど調整していけるでしょう。成功率が高いだけでなく、相手は「自分の都合を考慮してくれる」と信頼して心地よい関係に。

また、頼み上手な人は、〝わざわざ〟話しかけて頼むこともありますが、それ以上に〝話のついで〟に頼みごとをすることが多いのです。

仕事の打ち合わせをしているとき、電話でしゃべっているとき、ランチをしているときなど、おしゃべりの流れで「そうそう、そういえば、〇〇を手伝ってもらいたいんですけど……」などと、さりげなく頼みたいことを話すのです。楽しく会話をしているノリで、快く応じてもらえる可能性大。ただし、仕事、依頼や、プライベートの大事なことなどは、改めて話す機会をもち、記録に残す必要があります。

相手の波長に合わせられれば、依頼の成功率はぐんと上がるのです。

Point
〝話のついで〟を装って、頼みごとをするのもありです

ステップ①―2 その人の「得意分野」から頼む

「誰に頼むか」ですべてが決まるといっても過言ではありません。人は頼みごとをするとき、「餅は餅屋」というように得意そうな人を選んで声をかけるものです。

私は困ったことがあればすぐに「パーティー料理は彼女に……」「車のことを教えてもらうなら……」「荷物運んでもらうなら……」など、得意そうな人にお願いします。

じつは、困っていないときでも、人の才能を見つけるとお願いすることがあります。「○○さんは漬物の天才ですね。今度、教えてください」「ピアノが弾けるんですか。じゃあ、イベントで演奏してもらえませんか」「エアコンの取り付け工事ができるなんて素敵。では引っ越しをするときに……」なんて、人の得意なことを見つけたら、なにかお願いできないか考えてしまうわけです。頼みごとをするとすぐに親しくなれますし。

図々しいお願いのようですが、初めての相手でも「自分でよければ、喜んで」と、大抵は快く引き受けてくれます。自分の得意なことは、苦にならないこと。自分の才能を認めてもらって、それを人が喜んでくれるのは、誰でも嬉しいものです。

マネジメントの概念で「矢の周りに的を描く」という言葉があります。

優秀な人（＝矢）が得意な仕事（＝的）をして強みを生かすと、驚くほど成果が上がるという考え方です。ほとんどの人は「この仕事をしてくれる人は誰かいないか」と、【仕事→人】の順で考えるから、頼みごとがうまくいかないのです。

「この人はどんな仕事ができるか」と【人→仕事】の順で考えると、なにかと頼む機会も増えて、１００％に近い確率で依頼に応えてくれます。

そのためには、日頃からまわりの人に興味をもち、長所をほめていくことが大事。

成長している会社も、【仕事→人】ではなく、【人→仕事】の順で人の強みを生かすことを考えるので、社員が率先して働き、生き生きとしています。

人の強みは、みんなのために使うことで生かされ、さらに成長できるのです。

Point

人の得意なことを見つけたら「なにかお願いできないか」考えてみましょう

ステップ①―3
〝人間味〟を感じさせるコンタクトの手段を選ぶ

頼みごとをするとき、メール、電話、対面……どのような手段でアプローチするかは、相手の年齢や立場、状況、依頼内容、緊急性、手間などで変わってくるものです。気心の知れた友人や家族であれば気軽にＬＩＮＥを送ればいいし、初めての仕事相手なら詳細を整理して送れるメールがいいでしょう。また、つき合いのある仕事仲間に「前回と同じ仕事を」などと頼みたい場合は、電話一本で済む話かもしれません。

ある編集者は高齢の作家に執筆依頼をするとき、まずは手書きの手紙を送ると言っていました。手書きで執筆する作家にとって、手紙のほうが熱意を伝えやすく、すぐには依頼に応えてもらえなくても、印象に残って次につながるといいます。

しかし、若い人に対して同じ手段を使うと、郵便物は放置されていつまでも返事がこない可能性もあります。早さと確実性では難点があるのが手紙というツール。初めての相手には、まずは自己紹介も含めて興味をもってもらえるような簡潔な依頼文をメールで送り、返事によって詳細を再度、メールする。または、電話や面談で会話しながら柔軟に交渉する……と、二段構え、三段構えのアプローチが有効です。

どんな手段であれ、頼み上手な人は、〝人間味〟を感じさせる適切な手段を選んでいるもの。頼み下手な人は「心がない」と感じる頼み方になっているのです。

もっとも人間味を感じるのは、直接、会うこと。顔を見た回数が多いほうが相手に好感をもつことは、心理学で「**ザイアンスの法則**」として知られています。

誰でも好感をもった相手の頼みは聞いてあげたいと思うもの。昨今は同じ職場にいてもメールだけでやりとりをすることが多いようですが、声をかけて話すと、相手の細かい表情の変化もわかるので、臨機応変な対応もできます。「返事がないのは嫌われているからだ」などと一方的な憶測で砕けることも少なくなるはず。ランチやお茶など一緒に過ごすのも距離が縮まり、頼みごとをしやすい土台になっていくでしょう。

Point

目を合わせて頼みごとをする効果は、思った以上に大きいです

ステップ①―4
表情と姿勢、座る位置で安心感を与える

人は好きな人の頼みごとなら快く応じたいけれど、嫌いな人の頼みは、簡単なことでも引き受けたくないと思ってしまうもの。じつは話す言葉よりも、非言語である見た目や表情、声のトーンやテンポのほうが、印象や好感への影響力が大きいのです。

ここでは、相手に好感をもってもらうために、**頼みごとをするときの「笑顔」「姿勢・座る位置」**にポイントを絞ってお伝えします。

＊やわらかい印象をもってもらえるよう笑顔で話しかける

頼みごとをするときは、にっこり微笑んで話すことを心がけましょう。笑顔でいようとすると、自然に明るい気持ちになれるだけでなく、声のトーンも口から出てくる言葉もポジティブなものになります。明るい、やさしい、丁寧、穏やかなど好印象をもってもらえ、相手も安心して話を聞くことができます。

明るく「一緒にやると最高のプロジェクトになるので、ぜひお力を貸してください」

などと頼むと、相手も「面白そうだ。やってみようかな」と積極的に応じてくれるはず。頼むほうが「迷惑かも」「断られるかも」と不安がっていると、緊張した表情になり、声のトーンも冷たくて暗い印象に。相手も身構えて、消極的な対応になるでしょう。

★背筋を伸ばして、横か斜め横から話しかける

姿勢は服装以上に印象を決めるもの。猫背だと自信のない印象になり、だらんとした姿勢だと横柄な印象に。背筋をピンと伸ばした姿勢は、堂々として自信のある印象、心を開いている印象になるので、相手もきちんと対応してくれる可能性大。

また、話しかける位置でも、印象が変わります。真正面に座る（立つ）と、敵対する感覚があり、反発しやすい傾向に。横に並ぶと、警戒心をもたず、味方になって同じ方向を見る効果、斜め横はリラックスして親しみをもつ効果があります。相手の横か斜め横から体ごと向けて話すと、親しみのある言葉になるのではないでしょうか。

Point にっこり笑顔で背筋を伸ばすだけで、言葉に説得力が出てきます

ステップ②—1 小さな依頼から始める

さて、準備が終わったら実際の頼み方についてお伝えしましょう。

人にものを頼むことに苦手意識がある人は、小さなことであってもなかなか声をかけづらいもの。ですから、誰でもすぐにできて、「そんなの、お安いごようです」と快く引き受けてくれるような、ものすごく小さな依頼から練習を始めましょう。

職場であれば、「手が塞がっているので、ドアを開けてもらえますか」「後ろのファイル、取ってもらえますか」など一瞬で終わることを頼んでみるといいでしょう。

夫にもっと家事をしてもらいたいと思っても、いきなり「あなたも料理をして」と頼むと、夫もなにをどうしたらいいか戸惑って、「そんなの、ムリだよ」と反発される可能性大。「炊飯器をセットしといてくれる？」「洗濯物、干してもらえるかな？」など小さな依頼から慣らして、徐々にステップアップしていきましょう。

ポイントは、遠慮がちに言うのではなく、あくまでもシンプルに頼むこと。普通に頼めば、普通に応じてくれますから。

「小さな依頼から始める」のがいい理由は、簡単なことは相手の心理的ハードルが低く、快く応じてくれること。小さな頼みごとを繰り返すことで、心の距離も近づいていくこと。そして、「**一貫性の原理**」という心理的作用が関係するといわれます。

最初に小さな依頼に応じたことで、その行動に矛盾が出ず、一貫した行動になるように、つぎの依頼、大きめの依頼も受け入れやすくなるのです。

大きい仕事を頼みたいときは、最初に小さな仕事をお願いして感謝し、「やってよかった」と思ってもらえば、大きな仕事も引き受けてもらえる確率は高まります。

〝ついでのお願い〟も、慣らしていくのに有効です。「コンビニに行くなら、〇〇も買ってきてもらえますか?」「ファイリングするなら、この書類も追加で」「私のゴミも一緒に」など、相手の流れにのると、頼みやすくなります。大事なのは、頼みやすい雰囲気をつくっていくことなのです。

Point

小さな頼みごとは「〇〇してもらえますか?」とシンプルに伝えましょう

ステップ②―2
まずは〝相談〟から始めるのもあり

「人に頼るのが苦手」という人は、やさしい性格であることが多いものです。頼ったときに相手に負担をかけることや、断りにくくて困らせることを恐れて、お願いできないのです。

そんな人は頼るのではなく、〝相談〟から始めてみてはいかがでしょう。

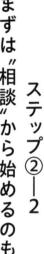

相手が先輩なら「〇〇さん、聞いてくださいよー」と、話すだけでいいのです。「話を聞いてもらう」「少し弱みを見せる」だけで、相手は自然に「それは辛かったね」などと寄り添って、一緒に解決策を考えてくれ、勝手に「それ、私が手伝えるかも」などと動いてくれることもあります。

上司に「仕事量を減らしてほしい」と頼みたいときも、「仕事の進め方について、ご相談したいんですが……」「私の要領が悪いのか、どうしても終わらなくて……」などと相談として伝えてみる。すると、上司は「わかった。その作業はする必要はない」「ほかの人にも仕事を回そうか」などと心強い味方になってくれます。

そう、相談の最大の効果は、相手を〝味方〟にしてくれることです。妻が夫に「もっと家事を手伝って」などと頼むと、夫は押しつけられた気分になるでしょう。そもそも家事は妻だけの仕事ではありません。ユーモアも交えて「我が家のサスティナブルな家事分担について相談したい」と切り出すと、一緒に考えてくれる可能性大。

相談には、①素直に心を開ける　②頼みたいことが漠然としていても話せる　③他人の目や力が加わって問題解決ができる　④味方になってもらえ、距離が近づく　⑤問題が解決してもしなくても、心が軽くなる、といった効果があります。

「助けて」と言えなくても、「困ってます」「辛いんです」と話を聞いてもらえるだけで、人は救われるもの。「頼るのではなく、相談する」というテクニックは、本当に頼りたい場面の切り札になるので、小さいことから練習して、慣れておくといいでしょう。

Point

味方になってもらうために、わざわざ相談をもちかける手もあります

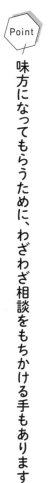

ステップ②―3
相手の名前をちりばめる

Aの頼み方と、Bの頼み方、あなたはどちらのほうに反応しますか？

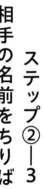

A「あのー、お願いしたいことがあるんですけど……」
B「○○さんにお願いしたいことがあるんですけど……」

Bの頼み方で声をかけられると、すぐに反応して、ちゃんと聞こうとするのではないでしょうか。

これは**「ネームコーリング効果」**といって、とくに、頼みごとをする場合、この心理がうまく作用します。自分の名前は人生でいちばん慣れ親しみ、大切にしてきた言葉。話しかけるときに「あのー」とか「あなた」「君」などと呼ばれるよりも、「○○さん」と名前で呼ばれると、その言葉に敏感に反応して、「ほかの誰でもなく、自分に向けて言われているのだ」と、注意力が上がります。

「○○さんにお願いしたい」と言われると、好感や親しみだけでなく、「自分という個人を認めてもらえた」「自分を信頼して頼んでくれている」と敬意が伝わるのです。もちろん、快く引き受けてくれる率も高まります。

「この仕事は○○さんが得意だと思ったので」「○○さんだったらすぐに処理できるかと」「○○さんが交渉してくれると、うまくいきそうです」など、相手の能力や人柄を見込んで頼んでいることを、名前を交えて伝えましょう。

ただし、頼むときだけ名前を呼ぶのは、魂胆が透けて見えて逆効果。普段から「○○さん、おはようございます」「○○さんはどう思いますか」「この書類は○○さんが書かれたんですよね？」など、会話のなかで名前をちりばめて。

ご近所さんや馴染みの店のスタッフ、ビルの管理人さんなど、ちゃんと名前を呼んでいると、距離が縮まってなにかと頼みごともしやすくなるはずです。

Point

普段からできるだけ名前を呼ぶようにすると、頼みやすくなります

ステップ②―4
「なぜ頼みたいのか」理由をセットにして頼む

どんな頼みごとにしろ、頼まれる側もそれを実行する負担がかかるもの。ですから「なぜ頼みたいのか」理由を添えることで、納得感をもって引き受けやすくなります。

たとえば「連絡先を教えてもらえますか？」と唐突に頼むと、「なんで？」と聞きたくなってしまうもの。「さっき話した資料を送りたいので、連絡先を教えてもらえますか？」と頼んだほうが、「もちろん、いいですよ」とすんなりいくでしょう。

「理由を添えると、承諾を得やすくなる」という心理を〝**カチッサー効果**〟といい、アメリカの心理学者が発表した有名な実証実験があります。

コピー機の順番待ちをしている列の先頭の人に、つぎの3パターンの頼み方をして、譲ってくれる確率を試したのです。

①先にコピーを取らせてもらえませんか

②急いでいるので、先にコピーを取らせてもらえませんか

③コピーを取らなければいけないので、先にコピーを取らせてもらえませんか

用件だけを伝えた①の承諾率は６割ほど、理由も伝えた②や③の承諾率は９割以上でした。注目すべきは、道理の成り立つ理由の②と、適当な理由の③では、承諾率はさほど変わらなかったということ。つまり、こじつけの理由でも添えたほうが、自動的に引き受けようとする心理が働くのです。

「説得力のある理由でなければ、引き受けてくれないのでは」などと心配して、頼む理由をあれこれ考える必要はありません。「急いでいるので、手伝ってもらえますか」「ペンを忘れたので、貸してもらえますか」「話がしたいので、時間とってもらえますか」などひと言添えるだけで、ぐんと引き受けてもらいやすくなります。

ただし、いくら「適当な理由でいい」といっても、嘘っぽい理由は信用をなくします。大きなお願いごとにも、適当な理由は通用しないので、そこはご注意を。

Point

「〇〇なので、〇〇してもらえますか?」をお願いの定型文にしましょう

ステップ②―5
「あなただからお願いしたい」相手の自尊心に働きかける

「この仕事は、アリカワさんしかできないと思うんです」なんて頼まれると、断ろうと思っていた仕事でも、つい引き受けてしまうことがあります。

繰り返しますが、人は機会があれば、誰かの力になりたいと思っています。

「あなただからお願いしたい」という頼み方は、誰でもいいわけではなく、自分のことを認めて、信頼して頼んでくれているのだと、自尊心をくすぐられるのです。

誰でも思いがけない依頼をされたとき、「なんで私？」と理由が気になるものです。

たとえば、上司にプロジェクトリーダーを打診されたとき、「どうして私が？」と聞き返したくなるでしょう。自信がない人ほど「私じゃなくてもいいんじゃないか？」と不安になり、納得のいく説明が欲しいわけです。

「○○さんは日頃からまわりをよく見てフォローしているから、リーダーに適任だよ」などと言い切られると、自信がなくても「もしかしたらやれるのかも」と思えてきます。

頼む相手が目上の方の場合、逆に年下で不安に感じている場合はとくに、「なぜあなたに頼むのか」で〝敬意〟と〝信頼〟を表すといいでしょう。

「自分を評価してくれている」とわかれば、頼まれたほうは「よし、力になろう！」と積極的に行動してくれるものです。

「〇〇さんの経験を見込んで、ぜひお願いしたいです」「こんなことを頼めるのは、〇〇さんしかいないです」「〇〇さんの丁寧な仕事ぶりを見て、任せられると感じました」「〇〇さんのスキルならスピーディーに処理できると思って……」というように、〇〇さんである理由を、素直な気持ちで伝えればいいのです。

自尊心が満たされたら、ほとんどの人は気持ちよくなって、自動的に「YES」のボタンを押します。「依頼」には、「敬意」をセットで添えることを忘れないでください。

Point

「〇〇さんしかいない」と言われれば、なんとか力になろうと思うのが人間です

ステップ②―6
「なにをしてもらいたいか」3Wで具体的に話す

頼みごとが下手な人の典型として、「自治会の仕事、手伝ってもらえますか?」など、頼み方が雑なことが挙げられます。頼む内容が抽象的なので、相手はなにをどうすればいいか、どれくらい時間がかかるかイメージが浮かばず、難色を示すことが多いのです。

ほかにも「なる早でこれ、やっておいて」「ぜんぶ任せた」「適当にすればいいから」「今日、残ってくれない?」などあいまいな頼み方だと、相手も戸惑ってしまうでしょう。

自治会の副会長をしている40代の友人女性は、頼み方の達人。うまく人を巻き込んで協力者を増やしていきます。彼女がまわりに頼っているのを見ていて思うのは、まず頼りたいことを、明確に伝えているということです。

たとえば、秋祭りの準備をするときは、高齢者に「○○さんは顔が広いので、出店してくれそうな人を来週までにリストアップしてもらえますか?」「△△さんがこの前、作っていたロゴ入りのTシャツ、秋祭り用にもお願いできますか?」「□□さんはいつもの美味しいおにぎりを当日の朝、作ってもらえると嬉しいです」というように、やってもらいたい内容が具体的。協力者たちは自分が任務を遂行することをイメージできるのでモチベーションが上がり、頼まれた直後から動き出したくなるわけです。

ポイントは**3W**「なぜ頼むか（WHY）」「なにをしてほしいか（WHAT）」「いつまで（WHEN）」を押さえて、相手が聞きたいことを、シンプルに伝えることです。

頼み下手な人は「相手が聞きたいこと」ではなく、「自分が言いたいこと」の切り口で伝えようとします。たとえば「子どもが熱を出したので、休ませてください」とひと言で済むお願いなのに、「昨日までは元気だったのに今朝急に……」「両親も来られなくて……」と時系列で話そうとするので、相手は「結論から言って」とイライラ。

普段、コミュニケーションをとっている同僚や家族など身近にいる人にかぎって、つい甘えから雑な頼み方、自分本位の頼み方になりがちなので、気をつけたいものです。

Point

依頼は「なぜ（WHY）」「なにを（WHAT）」「いつまで（WHEN）」を押さえて

ステップ②―7
部下にも「〜してください」ではなく「〜していただけますか？」

頼みごとをするとき、相手が目下や年下だと「〜してください」、家族や恋人など親しい間柄だと「〜して」という言い方になってしまいがちです。

しかし、「〜してください」「〜して」は、指示命令の言葉。相手に拒否する余地はなく、人によっては押しつけられたように感じることもあります。

職場の後輩であれば、「ちょっと手伝ってください」より「ちょっと手伝っていただけますか？」、家族であっても「コンビニに行くなら、ガス代を払ってきて」より「ガス代を払ってきてもらえる？」と疑問形で聞いて頼むほうが、相手の「引き受ける」「引き受けない」の選択を受け入れる余裕が感じられます。相手は無意識に「自分に選択権がある」「自分で選んだ」と感じるので、積極的に動いてくれるのです。

相手に異論のない「資料をご覧ください」「いつでもお立ち寄りください」などは別として、相手は頼まれたことで、自分の時間と手間を費やすことになるのです。

相手に選択してもらう頼み方は、快く応じてもらえるだけでなく、ダメなこともある前提なので、自分が頼みやすくなり、節度と謙虚さをもつことにもつながります。

近しい人でも甘えすぎて命令口調になると、相手は心地悪くなり離れていくでしょう。部下や後輩など目下の人に対しては、誰もが知らず知らず、強くて雑な物言いになってしまう危険性があります。相手の気持ちを考えずにプレッシャーを与え、相手がなにも言わないでいると、だんだんエスカレートして傲慢な態度になってしまう。度が過ぎるとパワハラ、セクハラにも発展することもあるのです。

自分への戒めのためにも、頼みごとをする相手がたとえ家族や年下であっても、「お願いできますか？」という謙虚な姿勢と言葉遣いは心がけたいもの。頼みに応じてもらうことがあたりまえではなく、ありがたいという感謝の気持ちを忘れずにいたら、ほどよく甘えられる、心地よい関係になっていくはずです。

Point

目下の人にこそ丁寧な言葉遣いを心がけたいものです

ステップ③―1
引き受けてもらったら「すみません」より「ありがとう」

人に無事頼めたとして、それで終わりではありません。じつは頼んだあとも大事なのです。頼みごとを引き受けてもらったとき、なにかしてもらったときに、「すみません」「ごめんなさい」「申し訳ない」と言うのが癖になっている人は意外に多いものです。

ある友人は足の骨折で介助されるようになって、家族や同僚、手助けしてくれる人に1日何十回も「すみません」「いつもごめんね」と頭を下げていました。

同僚から「すみませんって言われるより、どんどん頼ってもらって、ありがとうって言ってもらったほうが嬉しい」と言われて、これまで相手の心を曇らせていただけでなく、知らず知らずに自分の心もすり減っていたことに気づいたとか。

「すみません」「ごめんなさい」は、人に頼る自分を否定する言葉。ついつい申し訳なさそうな表情で伏し目がちになってしまいます。「ありがとう」と言うようになってから、相手の顔を見て笑顔で人の厚意を受け取れるようになったといいます。

「すみません」には①「遅れて、すみません」という謝罪　②「お菓子までいただいて、すみません」という感謝　③「すみません。それ、取ってください」という呼びかけの3つの意味があります。いずれも自分のことで相手に負担をかけることを「済まない＝心が晴れない」と気遣った謙虚な言葉です。表情が曇るのも当然。

しかし、②の感謝のとき、もちろん、頼みごとに応じてもらったときも、「すみません」ではなく、ぱーっと明るい表情で「ありがとう」「よかったー！」「嬉しい！」と言ってみませんか？　気持ちも晴れやかになり、相手の「お役に立てて嬉しい」と喜ぶ顔が見られます。「いつもありがとう」「おかげさまで助かった」「あなたがいてよかった」と、日々感謝の気持ちを伝えていれば、人間関係は悪いことにはなりません。「ありがとう」は、相手を「有難いほど貴重な存在」とする最上級の肯定ですから。

小さなことも頼るのは、「ありがとう」を言うための布石ともいえます。「ありがとう」を繰り返していると、認め合い頼り合える人間関係の土壌ができていくはずです。

Point

とびっきりの笑顔＆「ありがとう」で、自分もまわりも幸せになれます

ステップ③―2
やってもらったことへの感謝と〝有効性〟を伝える

依頼してなにか行動してもらったときに、「ありがとう」と感謝するのはもちろん、忘れてはいけないのは、相手がもたらしてくれた成果（有効性）を伝えることです。

じつは、人間にとって「自分が役に立っている」「影響を与えている」という実感こそが根源的な幸せであり、積極的に動こうとする原動力や、やり甲斐になるのです。

伝え方のポイントとなるのは「(あなたは)仕事が丁寧で速いですね」という主語を「あなた」にした〝**Youメッセージ**〟ではなく、「(私は) 仕事が早く終わって、残業をしなくて済みました」と主語を「私」にした〝**Iメッセージ**〟で伝えること。「私は嬉しかった」「感動した」「勉強になった」「心強かった」「目標を達成できた」「負担が軽くなった」など、相手のおかげで気持ちの変化があったことや、どれだけ助かったか、メリットをもたらしたかを具体的に伝えるといいでしょう。

「(あなたは) えらい」「よくできた」などの〝Youメッセージ〟は、相手を評価することになり、人によっては上から目線のようで、心地悪く感じる人もいるかもしれません。「いえいえ、それほどでも」と否定されることもあります。

対して〝Ｉメッセージ〟は、自分の気持ちや具体的な影響を伝えるので説得力があり、メッセージを受け取った人は、自分が役に立てたことがはっきりとわかります。

〝有効性〟を実感することは、幸福感や快感よりも人を動かす力があるといわれます。

部下から「社長のためなら、なんでもします」と言われるほど慕われているある社長は、つねに一人ひとりに「ほんとうに助かっているよ」「あなたのおかげでチームがまとまっている」「おかげでこの仕事が成功できた」など、有効性を実感させています。

普段から「役に立てている」という実感があれば、長期的に人を助けようとする意欲が続きます。反対に、自分のやったことの効果が実感できない場合、意欲は低下します。頼みやすい土壌をつくるためにも、相手の心に感謝のメッセージを送り続けましょう。

Point

「役に立てている」という実感は〝心の報酬〟になり、自発的に動きたくなります

ステップ③―3
お願いする以上、完璧はありえないと心得る

部下に仕事を頼むとき、子どもに家事を頼むとき、友人に会食の店選びを頼むときなど、お願いをする以上、期待通りいかないのがほとんどと心得たほうがいいでしょう。

しかし、私たちはそんなあたりまえの前提をすっかり忘れて、「なんでできないの?」「まったくわかっていない」などと文句をつけてしまいます。

これでは相手が「じゃ、自分でやれば?」と投げやりになったり、「言われた通りにやればいいか」と主体性をなくしたりして当然。相手は思いどおりに動くロボットではありません。生身の人間に託すというのは、自分の期待通りにいかないということです。

自分にも人にも完璧を求める〝完璧主義〟の人は、妥協せずにストイックに追求するため仕事の質が高い半面、人に任せることができず、仕事の幅が限られてしまいます。

頼んだ結果が完璧でなくても、受け入れられる3つの考え方をご紹介します。

1 「減点方式」ではなく「加点方式」で考える

完璧主義の人は「これもできていない」「あれもダメ」と100点から減点して考える傾向にあります。「時間内にできた」「この点はすばらしい」と0点から加点して考えると、心も穏やか。相手を認め、感謝するので、互いにモチベーションアップに。

2 自分の「普通」や「満点」の基準を客観的に見直す

完璧主義者の「普通」は、他人にとって「かなり高い水準」かもしれません。頼んだ結果が期待外れでも「半分もできれば、いっかー」「これはこれであり」とゆるく考えて折り合いをつけたほうが互いに心地よい。自分にもできないことがあると謙虚に考えて。

3 頼むときに大事なポイントを伝えて、あとは任せる

仕事を頼むときは事前に「時間だけは厳守して」など注意ポイントを伝えておく。会食の店選びを頼むときは「予算〇〇で場所は△△」など条件を明確にしておくと、大きく外れることはありません。要求しなかったことは、多少期待外れでもよしとして。

Point

期待外れでも「これもあり」と寛容になれば、前向きな協力関係が生まれます

ステップ③―4

断られても「またの機会に」と、つぎにつなげる

頼みごとを断られるのは、あまり気分のいいものではありません。「なんて冷たい人」「もう二度と頼まない」と腹が立ってきたり、「自分は嫌われているのでは」と考えたり。それがつい不機嫌な態度に出て、関係は拗《こじ》れていきます。

逆に、断られて多少ショックを受けても「了解です。じゃあ、またの機会に」と爽やかに完結する人もいます。そんな人たちの思考は、相手の事情を受け入れて「長期的に考える」「問題解決に目を向ける」という大人の知恵を身につけているのです。

多くの場合、「NO」というのは、単に「今はできない」という意味なのです。

昔、職場の同僚が夫に電話で「仕事で遅くなるから、子どもを保育園に迎えに行って」と頼み、「なんで行けないの？　そんなに忙しい？　たまには私の頼みも聞いてよ」と責め立てていることがありました。すると、先輩の女性がこう諭したのです。

「それじゃあ、ご主人も嫌になるわ。また頼むこともあるんだから、快く応じてもらえ

るように賢く頼まなきゃ。相手を責めるより、いまは問題を解決することが先決ね」同僚は「たしかに」と納得。感情的に相手を非難するのをやめて、「じゃあ、どうしましょう」と〝問題解決〟に目を向けたところ、建設的な話し合いができたとか。

相手にも事情があり、引き受けたいけれど叶わないこともあります。

断られることを「次に生かすチャンス」と考えると、「OK、じゃあ、またお願い」と別の人に頼んだり、別の方法を考えたりして、気持ちを切り替えられます。

相手の断る理由がわかれば「こんな頼みは応じてくれる」「相手はこんな事情がある」など頼む内容や頼み方を修正していけるので、引き受けてもらえる率も上がります。

仕事の依頼を「やったことがなくて」「その日時に間に合わない」と断られた場合、「試しにこの部分だけやってもらえますか?」「私もサポートします」と、再度、不安を払拭する代替案を提案できるでしょう。頼みごとは、断られてからが肝心なのです。

Point

断られても「長期的に考える」「問題解決に目を向ける」で大人の対応を

第 3 章

「頼るのがうまい人」がやっている習慣

「気軽に頼れる自分」であるためには、日頃の〝習慣〟が必要です

いつも気軽に頼みごとをして、なぜかまわりに助けられている〝頼み上手〟な人というのは、たんに頼み方がうまいのではありません。

普段から人に笑顔で話しかけたり、人の話を聞いたり、親切にしたりして〝人に頼れる自分〟であるための行動をしているもの。また、まわりにいい影響を与えて「気持ちのいい人だな」という信頼があるから、頼まれた人は助けたいと思うわけです。

いつもはまわりの人とコミュニケーションをとらなかったり、困っている人を見て見ぬふりをしたりする人は、頼りたいときだけ話しかけても、ぎこちない会話になり、助けてもらうのはむずかしいこともあります。

〝頼り上手〟な人は、まわりから信頼される習慣をコツコツと重ねて、いざ頼るときのための〝地慣らし〟をしているのです。

私のこれまで伝えてきた **〝助けてもらい上手〟な人の8つの特徴**はつぎのとおり。

1 人との会話を楽しんでいる
2 まわりの支援を断らない
3 仕事や趣味に一生懸命
4 出会いを大切にする
5 誰にでも平等に接する
6 人のためになにかをする
7 なにもなくても感謝を示す
8 完璧でない

つまり、いつも自然体でまわりにオープンで、やさしい〝健やかな人〟であれば、助けてもらいやすくなるのです。第3章では、頼り頼られる人間関係であるために、身につけたい習慣についてお伝えしていきましょう。

Point
日頃からコツコツとまわりにいい影響を与えていたら、助けてもらいやすくなります

あいさつに、ひと言プラスする

頼み上手な人がなにより大切にしているのが、「言葉を交わすこと」です。

といっても、話題を見つけてじっくり話さなければいけないわけではありません。

「おはようございます」「おつかれさまです」といったあいさつに、「今日は早いですね」「いい天気になりましたね」「あれ？　髪を切りました？」など、ひと言つけ加えるだけでいいのです。すると、ただのあいさつが、ちょっとした〝雑談〟になります。

「そうなんですよ、よくわかりましたね」なんて言葉が返ってきて2、3往復すればOK。ほんの数十秒の会話でも、それがあるのとないのでは大違い。「あなたに好意をもっています」「仲良くしたいです」というメッセージになりますから。

相手の顔も見ず、「おはようございます」と儀礼的に言うだけでは、好意は伝わりません。そっけない態度だと「関わりたくないのかな」と思われてしまうでしょう。

せっかくあいさつをするのですから、効果的にしたいもの。ポイントは「自分から」

「笑顔で」「プラスひと言加えたあいさつ」をマイルールにしておくことです。

「自分から」声をかけるのと、声をかけられて応じるのでは、相手に与える印象は何倍も違います。たとえ相手が年下でも苦手な上司でも、前日にケンカした夫でも、自分から「おはようございます」と声をかけると、わだかまりが消えて自分が気持ちいい。あいさつには、心を浄化してくれる作用があるのです。そして、笑顔で明るい印象を添えて。楽しくなくても笑顔でいようとすると、明るくご機嫌な気分になるのですから。

習慣的にそんなあいさつをしていると、少しずつ親しくなるだけでなく、相手との距離感がつかめます。頼りやすい人かどうかがわかったり、「あの人はこんなことが得意なんだ」「午前中は忙しいようだから、頼むなら午後かな」「この人のことも手伝えるかも」など協力し合うアクションがとりやすくなったりするのです。

あいさつは言葉を交わし、頼りになる人を増やしていく最大のチャンスなのです。

Point

ちょっとした会話を重ねていると、まわりを気にかけるようになります

「嬉しい」「楽しい」ポジティブな感情を口にする

頼み上手、助けてもらい上手な人は、人との間にあまり壁をつくらず、心をオープンにして会話を楽しんでいるもの。なかでも特徴的なのは、「嬉しい」「楽しい」「面白い」「最高！」「ラッキー」など〝ポジティブな感情〟を口にしていることです。

私はもともと自分の気持ちや感情を出すのが苦手でしたが、ネガティブな感情を出すのは控えめにして「ワクワクするね」「これ、笑えるー」「面白いなー」などとポジティブな感情を言葉にすることを心がけてきました。

いまでは自然に「会えて嬉しかった」「そういうところ、大好き」など相手への好意も伝えられるほど。なにか親切にしてもらったときも「嬉しくて涙が出そう。ほんとうにありがとう」と、大げさなくらいに喜ぶことがあります。

私たちは心が言葉をつくると考えますが、ほんとうは言葉が心をつくるもの。ポジティブな感情を言語化することで、さらにご機嫌になり、まわりから返ってくる言葉も明るいものになります。感情が見えて「わかりやすい人」は、安心できるのです。

ほかにも、素の自分を出せて率直な意見が言えたり、話が弾んだり、人と打ち解けやすかったり……と、ポジティブな感情を表現する効果は計り知れません。

頼るのが下手な人は、自分の気持ちを素直に出すのが苦手。「なにを考えているかからない」と不信感をもたれて、心の距離が縮まらないはずです。

ポジティブな感情を口にしていると、いざ頼りたいときにも「○○さーん、助けてくださーい！」「正直、焦ってます。どうしましょう」と深刻にならない程度に、さらりとネガティブな感情も伝えられます。普段は明るい人が困っていると、相手は「なんとかしてあげなきゃ」と手助けしてくれるものです。

言葉は相手の感情に、直接的に影響を与えます。ポジティブな言葉を使う習慣で、相手の幸福感も高め、モチベーションを向上させることができるのです。

Point

ポジティブな感情は思いっきり、ネガティブな感情はさらりと伝えるのがコツ

5分以内でできる「小さな親切」をちょこちょこする

世間では「小さな親切、大きなお世話」というように親切をしても相手にとっては迷惑だったり、下手に手を出すと面倒なことになったりすることも多く、他人に対して無関心な人が増えてきたようです。人と深く関わらなくても生きていける現代社会の構造的な要因もあり、人間関係がわずらわしく感じるのかもしれません。

しかし、本書で書いてきたとおり、私たちは頼ったり頼られたりすることで安心したり、自分自身を肯定できたり、生きやすくなったりするもの。人との〝つながり〟を感じられない状態は心許なく、成長や成功をする機会も減ってしまうはずです。

頼るのがうまい人は、人に助けてもらうだけでなく、まわりの人を大切にして、自分からも〝小さな親切〟を積極的にしています。時間と手間がかかる大げさなことではなく、自分にも相手にも負担にならない5分以内の親切をちょこちょこするのがポイント。無理をした途端、「私はあんなにしてあげたのに」と恩着せがましくなるもの。「自分にできる範囲のことをあたりまえにやっているだけ」「人が喜んでくれれば自分も嬉しいので、感謝をされるほどのことではない」と思える程度の親切がいいのです。「5分以内」といっても、できることは意外にたくさんあります。重いものを持ってあげる。情報を提供する。仕事を教える。人を紹介する。ゴミを片づける。急いでいる人に先を譲るなど、やっていると自分が気分よくなります。そんな小さな親切が習慣化されてくると、自然とまわりを見渡すようになり、「忙しそうですね。手伝いましょうか？」「疲れてない？　大丈夫？」なんて、困っていそうな人にも声をかけられるようになります。

お返しは期待していなくても、親切にしてもらった相手は〝好意の返報性〟によって「機会があればお返しがしたい」と無意識に思っているもの。「ちょっと手伝って」と声をかけると、喜んで協力してくれるわけです。

自分も相手も幸せになれる〝小さな親切〟をちょこちょこしていきましょう。

Point

親切は「喜んでくれたら私も嬉しい」とその場で完結する〝一方通行〟が基本です

「いいな」と思ったら、すぐにほめる

誰だってほめられると嬉しいものです。「それほどでもありませんよ」と謙遜しても、「自分を認めてもらえた」という喜びと、認めてくれた相手に対しての好印象はしっかりと残っています。

「ほめること」は私たちがすぐに贈れる最高のギフト。どんな相手でもほめるポイントはあるし、思った以上の効果があるのです。たとえば、部下や後輩が仕事でいい結果が出たときだけでなく、そうでなくても「毎日遅くまでがんばっていたよね」「この点はよかったから、つぎにつながるよ」と、努力する姿勢やよかった部分など、見えにくい点をほめると、相手は「ちゃんと見ていてくれたんだ」とモチベーションが上がります。

「認めてもらえている」という実感があれば、注意されても素直に受け入れられるし、少々難しい頼まれごとにも喜んで応えたくなるのです。ほめられもしない上司から注意されても反発したくなるし、頼まれごとをしても積極的に助けたいと思わないでしょう。

せっかくならより効果的にほめたいもの。**〝ほめ上手〟の2つのポイント**は……

1 長所や得意な点を見つけたら、すぐにほめる　「字がきれいですね」「情報収集力がさすがです」「美味しいレストランに詳しいですよね」「語学が堪能で羨ましいです」など、気がついたらその場で口に出して。ほめは、慣れと頻度が大事。人のいい点を見つけると「教えてください」「手伝ってほしい」と能力を引き出したり、助け合ったり。人からほめられることも多くなり、互いにリスペクトしながら成長していけるのです。

2 〝I・Weメッセージ〟でほめる　72ページで書いた感謝の伝え方と同様、「○○さんの教え方がうまいから、やる気が出ました」「○○さんのリーダーシップで、みんながまとまっています」など、どれだけいい影響を与えているかという〝有効性〟を伝えると、説得力があるもの。「自分が役立っている」という実感があれば、頼みごとをされたときも、積極的に役に立ちたいと思うはず。〝ほめ上手〟は〝頼り上手〟につながるのです。

Point

上手にほめる習慣は、心強い味方を増やしてくれます

初対面の相手から〝共通点〟を見つける

初対面の19歳の男子学生が「アリカワさんって、ブライダルカメラマンしていたんですよね。じつは僕もアルバイトでやっているんです」と話しかけてきたことがありました。「10代とどんな話をしよう」と思っていたところ、そこから話が弾んですっかり意気投合。私も若いカメラマンを応援したくなって、「動画も撮れるなら、ぜひ仕事をお願いしたい」という話まで発展したのでした。

彼の能力や人柄もすばらしかったけれど、なにより共通点を会話の糸口にして距離を縮めようとしてくれたのが、とても嬉しかったのです。

コミュニケーション力の高い人は大抵、初対面の相手から、まず〝共通点〟を探そうとします。人は自分と似たものに安心感や好感をもつ心理を「**類似性の法則**」といいます。年齢や立場、仕事などが離れていても、共通点があると心の距離はぐっと縮まるのです。誰もが「同郷で共通の知人もいてびっくり」「好きなミュージシャンが同じで話が盛り上がった」経験があるでしょう。

互いに自己紹介をしたり質問をしたりしながら、出身地や仕事、見た目や性格、趣味、最近の関心ごと、家族、健康法、好きな音楽や映画、本などの話をしていると、大抵「それ、一緒！」「私も同じです」という〝共通点〟が出てくるもの。「私も内向的な性格です」「私も一人暮らしです」など、とるに足りない些細なことでも近づこうとすることが大事。共通点が増えるほど、相手は親近感を覚えてくれるのですから。

また、〝共通点〟がわかると、助け合うことも多くなります。互いに旅好きとわかれば「今度、東北に行くのでおすすめの場所を教えて」、同じ習い事をしているとわかれば「今度、そちらの教室に見学に行ってもいいですか？」というように頼ることもできるわけです。

人間関係を築く第一歩は共通点探しから。ゲームのように面白がる感覚で共通点を発見し、人間関係を深めていきましょう。

Point

苦手な上司や後輩からも共通点を見つけると、関係性がよくなります

話を聞いてもらい、自分の問題をシェアする

「ちょっと聞いてくださいよ」と、いいことだけでなく、困ったことも話すこと。それ自体が〝頼ること〟であり、頼り合う人間関係の土台になっているのです。

私は以前、ネガティブな話をすることが相手の迷惑になると思っていました。

しかし、いつからか母の介護のことや、自分の病気のことなど、自分一人では抱えきれない問題に直面したときに、友人に「30分だけ話を聞いてもらっていい？」と話すようになりました。友人の「話してくれて嬉しかった。私も話を聞いてほしいときがあるから、そのときはお願いね」という言葉に甘えて。

話を聞いてもらえるのは、幸せなことです。気持ちがすっきり軽くなる「**カタルシス効果**」、自分の考えが整理される「**アウェアネス効果**」、そして相手との仲間意識を感じる「**バディ効果**」などがあるといわれ、心にいい影響を与えてくれます。

職場でも「先輩、聞いてくださいよー」と頼ってくる後輩はかわいがられるもの。ま

わりは自然に面倒を見たり、応援したりしているのです。男性は弱みを見せたくない気持ちがあって、なかなかネガティブな話はしないものですが、部下たちから甲斐甲斐しくサポートしてもらう上司は、「少々問題があって、どうしようかと思っているんだ」「迷っていることがあるので、きみの意見を聞かせて」と、さまざまな問題をシェアしています。部下は「信頼してもらっている」と感じて、自然に力になろうとするわけです。私も「話を聞いてもらうだけでいい」と思いつつも、いいアドバイスをもらえたり、「〇〇なら手伝えるよ」と力を貸してもらえたりすることが多々あります。人は親しい人が問題を抱えているとき、少しでもよくなってほしいと力を貸したくなるのです。

家族でも同僚でも友人でも、スナックのママや常連さんにでも「30分だけ話を聞いて」と甘えてみませんか。ただし、愚痴や悪口ではなく、前向きに解決しようとすることが条件。しつこくならないように時間を決めて話すのが〝聞いてもらい上手〟のコツです。

Point

ネガティブな話もオープンにすることで、なにかと頼りやすくなります

興味をもって相手の話を聞く

前項で書いたように、自分から心を開いて話をすることは、頼みごとをしやすい関係をつくりますが、逆に〝聞き上手〟な人も好かれ、頼り頼られる関係ができるものです。

〝聞き上手〟とは、「この人といると、なんでも話せてしまう」と思われるような会話が心地よい人のこと。ほんとうは、誰もが「自分の話を聞いてほしい」という欲求をもっています。そのため、リラックスしてなんでも話せる相手は頼りになり、仲間意識が生まれます。自然に「この人の力にもなりたい」と思われるのです。

〝聞き上手〟な人は、〝話させ上手〟でもあります。ただ話を聞いているだけでなく、「それでどうなったの?」と話を促す合いの手を入れたり、「それはびっくりだわ~」「おもしろ~い」と表情ゆたかにリアクションしたり。身を乗り出すように〝積極的に〟聞いてくれる人だと、話しやすくなるわけです。

また、事実ではなく、感情に寄り添ってくれる人は、相手の立場や気持ちを共感しながら聞こうとするので、心が通じている感覚があります。

たとえば、「週末、両親と温泉旅行に行くんです」と話してもらったとき、「温泉旅行ですか」などと返すのもありですが、「親と旅行ができるって幸せなことですよね」「ご両親もお喜びでしょう」と相手の感情を代弁するように返すと、理解も深まります。

「楽しみですね」「嬉しいですよね」といったポジティブな感情だけでなく、「それは辛かったでしょう」「私まで腹が立ってきた」とネガティブな感情にも寄り添って、一緒に喜んだり、悲しんだり、怒ったりしてくれる人には癒され、心強く感じるものです。

話を聞くのが下手な人は、「それは間違っている」「どうでもいいでしょ」と否定して話の腰を折ったり、「私に言わせると……」と話を横取りしたり。相手が心地よく話すためには、話をいい悪い、好き嫌いとジャッジせず、「どう感じたのか」「なぜそう考えたのか」など、その人の心情や背景にも興味をもって聞くことがコツなのです。

Point
聞き上手な人は、相手を否定することがないので安心感があります

自分について話すなら「自慢話」より「失敗談」

歳を重ねるほど、「自慢話が多くなる人」「失敗談を話す人」に顕著に分かれてきます。

自慢話の内容は、学歴自慢、会社自慢、お金持ち自慢、容姿自慢、苦労自慢、過去のモテ自慢、家族や持ち物自慢などいろいろ。誰もがちょっとした自慢を聞いてほしい気持ちはあるものですが、それがクセになっている人は、話がしつこくなりがち。いまの自分に自信がない人ほど「よく見られたい」という鎧はどんどん厚くなって、聞いている人がうんざりしているのにも気づきません。

「バブルのころはお金を使って散々遊んでいた。いまの若い子を見ると……」といった中高年のよくある「武勇伝＋説教」はもっとも嫌われるパターン。プライドだけは高くて弱点をひた隠しにするので、いざというとき頼ることもできないでしょう。

一方、失敗談を笑って話す人は、愛されているものです。70代のある社長は優れた実績があっても「昔、従業員が全員、辞めちゃって」「自分のミスで大損害を負ったことも」

と失敗談を面白く話してくれます。いまの弱点も隠すことなく、「歳をとると物忘れが激しくなるね」「かしこまった場所は苦手なんだよ」とむしろ見せていくので、従業員が「社長、私たちがついているので大丈夫です!」と積極的にサポートしているのです。

自慢話より、失敗談で〝自己開示(ありのままの自分を伝えること)〟ができる人は、「自分はこのままでいい」という誇りがあるので器が大きく、苦手なことは素直に人を頼れるし、年下からも学ぼうとします。

失敗談を話し、弱点もオープンにしていると、まわりは「自分に心を開いてくれるのだ」と親しみをもって、なにかあれば力になろうとするし、自分もリラックスして自己開示できるので、自然に助け合う環境が生まれます。

ただし、失敗談、弱点はさらりと伝えるのがコツ。「どうせ私なんか……」と自虐や僻《ひが》みがしつこくなると、「かまってちゃん」に見えてしまうので気をつけて。

Point

失敗や弱点を隠すことなく、むしろ見せていくことで強固な関係ができます

わからないことは素直に質問する

　私はわからないことを質問するのが大好き。たとえば、料理上手の友人宅でご馳走になったときは「このビーフシチュー、最高。どんなふうに作るの？」、掃除が得意な友人には「手垢のついた窓ガラス、どんな洗剤で掃除する？」、バンドをやっていた友人には「初心者はどんなギターを買えばいい？」というように。

　昨今はネットでいくらでも調べることができますが、情報を整理するのは時間と手間がかかります。それよりも「知りたい」と思った瞬間、詳しい人に聞けば、すぐに的確な情報が得られて解決。さらにリスペクトを示して頼ることで、仲良くなれます。

　近所の八百屋さんでは「この野菜、どんなふうに食べるのが美味しいですか？」、お寿司屋さんでは「この魚、どこで獲れるんですか」など簡単な質問をすると、「待ってました！」とばかりに教えてくれ、馴染みになってサービスをしてもらうことも少なくありません。

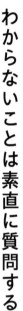

私も質問される側になることもありますが、興味をもって質問してくれること、自分の知識や経験を役立ててもらえることは嬉しいもの。調子に乗って「それについて詳しい本をあげるよ」「よかったら手伝おうか?」なんて余計なお世話をしてしまうことも。

職場や趣味の教室などでも、わからないことを「知りません。教えてください」と素直に言える人、すぐに教えを実行しようとする人はかわいがられ、成長します。

逆に「こんなこと質問したらバカだと思われるんじゃないか」と恐れて聞けなかったり、教えてもらっても反応が薄かったりすると、相手は教えがいがなくなります。

「聞くは一時の恥、聞かぬは一生の恥」。素直に質問して、素直に試して、素直に感想と感謝を伝える……という素直さは〝教わり上手〟の特徴でしょう。

ただし、仕事のやり方などで1から10まで質問しようとすると、「それくらい自分で調べて」「まず自分でやってみて」となるので、ある程度やってから「これで合ってますか?」と質問したほうがスムーズで、信頼を得られるはずです。

Point

〝教わり上手〟は素直に質問して、素直に試して、素直にフィードバックします

一緒になって悪口や愚痴を言わない

嫌われている上司や、生意気な後輩など〝共通の敵〟がいるとき、同僚と「ここだけの話さあ……」「わかるー。ひどすぎるよね」などと盛り上がり、仲間意識が芽生えることがあります。慰め合ったり、協力したりして乗り越えることもあるかもしれません。

しかし、「上司の無茶な要求に困ってます。どう対処しましょう」など、問題を解決しようとする話ならまだしも、無能ぶりや性格、身体的特徴など毒づいて盛り上がるのは、品のいいものではなく、単なるストレスのはけ口。賢い人は、「私もいつか陰で悪口を言われるかも」とリスクを感じて、距離を置こうとするでしょう。

つねに悪口や愚痴を言っている人は、精神的自立ができていない人ともいえます。なにかと人のせいにする傾向が強いので、同じタイプの人と傷を舐め合うことがあっても、純粋に「この人を応援しよう」「力になりたい」という人は離れていきます。

人は、明るく前向きにがんばっている人を応援したくなるのです。

一緒になって悪口を言わない人は、そのデメリットを理解しているからでしょう。誰かの言う悪口に「そうですよね」と同意しただけでも、周囲に「悪口を言う人」「裏表がある人」などと認識されて、信用されなくなります。

だからといって「悪口を言うのはやめましょう」などと正義感を振りかざすのも、大人の対応とはいえません。「あら、そうですか?」と惚《とぼ》けて加わらないのがいちばん。

悪口や愚痴を言わずに済んでいる人は精神的に強いというより、他人のことは「言ってもしょうがない」と境界線を引いていて、自分のやるべきことに集中しているもの。自分の考え方や行動を変えることで現状を変えていこうと、俯瞰する視点もあります。

「あの人から悪口を聞いたことがない」という人は、その人柄を信頼されて、同じようなタイプの人が集まってきます。支援や協力は現場をよりよくしようとする前向きな会話によって生まれ、心地よいものだから続いていくのです。

Point 「悪口や愚痴は言わない」と決めるだけで、心は穏やかになります

相手のミスを責めずに、「そんなこともある」と励ます

会社員だったころ、発注ミスでクライアントに大迷惑をかけたことがありました。上司から相当叱られるだろうと心臓が縮まる思いでいたら、普段は口うるさい上司がひと言も責めず、「そういうこともある。自分もこれまで散々迷惑をかけてきた」と一緒に謝りに行ってくれました。「迷惑をかけるな」ではなく「自分も迷惑をかけてきた」と慰めてくれたことが、涙が出るほど嬉しく、この人について行こうと思ったほど。

そして、私も部下や後輩がミスをして「なんでこんな凡ミスするの」と責めたくなっても、「そういうこともある」「私も迷惑をかけてきた」と励まそうと決めたのでした。

仕事というのは「できてあたりまえ」という共通認識があるもの。ミスや失敗をすると、大抵は叱責を受けます。部下がもっともやる気をなくすことのひとつが、「ミスや失敗を責められること」とか。だから、失敗を恐れて、挑戦にも消極的になるわけです。

すでに自分を責めているのですから「ミスは誰にでもある」「気にしないで」とひと言

あるだけで救われます。互いにフォローし合える、あたたかい信頼関係も生まれるはず。

それに人間のやることですから、成功率100%ということはありえない。むしろ、ヒューマンエラーはあって当然。「成功か失敗か」という単純なものではなく、失敗を経なければ成功もなく、失敗から学んで成長、成功していくのです。

うまくいかないときに、人間の真価は問われます。家族や恋人など近しい関係ほど「なんでできないの？」「なんで忘れるの？」「迷惑をかけないで」と、ひどく責めてしまいますが、互いに心が休まらず、だんだん憎み合うようになってしまいます。

悪意のある過ちなら別ですが、相手がしゅんとしているときは寛大になって、「お互いさまだから気にしないで」とやさしく励まし、ミスを繰り返すときは「じゃあ、どうしたらいいかな」と一緒に前を向きたいものです。相手は〝敵〟ではなく〝味方〟なのですから。

相手のミスも、自分のミスも許すことで、互いにラクになるのです。

Point

相手を責める側になるか、励ます側になるか、自分で決められます

積極的に〝お裾分け〟をする

「〝飴ちゃん〟食べる?」と大阪のおばちゃんが差し出すと、不思議なもので、知らない人でも一瞬であたたかい空気に包まれて、「いいんですかぁ? この飴、大好きなんです」なんて会話が弾みます。「同じものを食べること」で緊張感がやわらぎ、ほっと安心したり、自然に笑顔になったりして、人と人との距離はぐっと近づくのです。

なにより、自分がもっている小さな〝幸せ〟をまわりにも気にかけて、「あなたもどうぞ」とお裾分けしてくれる気持ちが嬉しい。あたたかい人情を感じて、大袈裟なようですが、「世の中、捨てたものではない」という気分になるのです。

昨今は同じ職場や近所にいても、なかなか会話の糸口が見つからないものですが、デスクの中に飴玉やチョコを忍ばせておいて、一息ついたときや休憩中、「よかったらどうぞ」と〝お裾分け〟すると、リラックスした気分で会話ができて、あげる側も、受け取る側もほっこりした気分になれます。

当然、頼みごとをしたり、助けてもらったりするハードルも低くなるでしょう。

〝お裾分け〟はわざわざ買ったり、気を遣ったおもてなしをしたりするわけではなく、「田舎からお菓子を送ってきたので食べて」といった「あなたも一緒に」の流れなので、互いに気が楽。「あら。田舎ってどこ?」と相手の背景を知ったり、「じゃあ、お返しにこのお菓子……」と物々交換をしたりしているうちに自然に仲良くなれるのです。

私はお菓子や食品だけでなく、いらなくなった食器類、服、本、お中元の洗剤など、使うという友人に譲ります。こちらは「もらってくれてありがとう」という感覚でも、ちょっとしたお返しがあったり、逆に相手が不要になったものをいただいたり。物が循環することで、なにかと気にかけて助け合う関係になっていきます。

〝お裾分け〟や、いらない物を必要な人に差し上げる行為は仲間意識が生まれ、意外な展開に発展する可能性もあるので、積極的にやってみてはいかがでしょう。

Point

物を贈り合うコミュニケーションは、あたたかい気持ちの交換につながります

ビルの管理人や清掃スタッフにも丁寧にあいさつする

職場やご近所、趣味のサークル、ママ友などで最も嫌われる人トップ3に入るのは「人によって態度が違う人」ではないでしょうか。上司には媚びるが、後輩には明らかに冷たい態度、仲よくしたい人だけで盛り上がり、どうでもいい人は無視……というような裏表の顔が見えると、信用されなくなるのです。

人によって態度を変える人は、損得勘定や好き嫌いで人を判断していて、自分でも無理をして〝いい人〟を演じていることが多いものです。有名人や社会的立場のある人が、仕事を離れると悪態をついたり、不道徳なことをやったりしてしまうのは、抑圧から解放されるのと、「裏の自分を晒したい」という深層心理があるからともいわれます。

必要以上に気を遣って、いい顔をする人ほど、立場の弱い人に辛く当たる傾向があります。傷つけられた相手は意外に根にもっていて、陰口を言っていたり、反抗的な態度をとったり。協力してほしいときに頼んでも、積極的には動いてくれないでしょう。

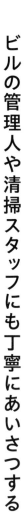

そんな面倒なことにならないためには、誰に対しても失礼のないよう丁寧に接すること。上司や年上の人にリスペクトを示すように、後輩にもリスペクトを示しましょう。ビルの管理人さん、清掃スタッフなどに対して「自分には関係のない人」ではなく、一人の人間として敬意と感謝を示しましょう。

とくに、あいさつと感謝は大事。私はマンションの管理人さんには、あいさつに加えて「最近、見ませんでしたね」「今日は晴れましたね」など声をかけるようにしています。すると、地域の情報を教えてもらったり、スコップや脚立を貸してもらったり、粗大ゴミを運んでもらったり……と、よくしてもらうことが多いのです。

こちらが敵意をもったり見下したりと、悪い感情をもたず、普通に接していれば、人間関係はそれほど悪いことにはなりません。たとえ相手から毒づかれても、「お気の毒に」と受け取り拒否して心をきれいにしておくことが、身を守ることになるのです。

Point

「失礼がないように接すること」が、人間関係の基本です

「また会いたい」「どうしているかな？」と思ったら即、連絡する

「あの人、しばらく連絡していないけど、どうしているかな？」とふと思い出したときは、できるだけ即、電話かメール、ＳＮＳなどで連絡するようにしています。

「お元気にされていますか。とくに用事はないんですけど、どうしているかなと思って……」とほんの5分ほどの会話でいいのです。すると、「電話もらえて嬉しいなあ。ちょうど最近、私もあなたのことを思い出すことがあって……」と、大抵は喜んでくれます。

期待していないのに会うことになったり、情報やチャンスが舞い込んできたり、そこから新しい縁がつながったりすることもあります。

そんなふうに細く長く続いている人間関係があると、「そうだ。〇〇についてはあの人が詳しそう」と電話して尋ねたり、「今度、そちらを旅行するので会いませんか？」と再会してお世話になったり。細く長い関係は、なにかと頼りになることも多いのです。

旧友から久しぶりに連絡があって一瞬、喜んだら、ネットワークビジネスや宗教の勧

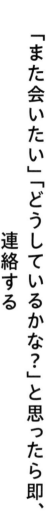

誘、選挙協力というのはよくある話。日頃から交友をあたためていないのに、いきなり連絡をしてなにかしてもらおうなんて、虫のいい話です。

すべての縁を大事にする必要はありません。「この人との縁は大事にしたい」と思う人はそれほど多くないはず。人生でなんらかの接点をもつ人は３万人、親しい会話ができる人は３００人、友だちと呼べる人は30人という説がありますが、ほとんどの人は二度と会わず、流れるように去っていく関係。そのなかで気になって「連絡したい」と思う人は引かれるものがあり、意味のある人ではないかと思うのです。

ビジネスチャンスや人生の学びのためには、多くの人と会うことが大事だと言われますが、ただ会うだけでは不十分。その縁を大事にして、信頼や情愛を育んでこそ、大きなギフトがあるのです。ご縁を大事にする人は近くにいる人も大切にし、まわりから愛され、尊重されるようになります。いま思い出した人に即、連絡してみませんか？

Point

連絡を待っている人より、自分からする人のほうがチャンスは増えます

小さな約束ほど守る

頼るのがうまい人は、人にお願いするだけでなく、自分でも頼まれたこと、約束したことは、ちゃんとやり遂げます。

日々の小さな約束ほど大事。「あとで電話します」と言ったら電話する。「明日までにやっておきます」と言ったら、ちゃんとできている。「資料を送ります」と言ったら、送る。待ち合わせの時間を守る。借りた物を返す。伝言を伝える……。些細な約束をちゃんと守ってくれる人は「こんな小さなことも覚えてくれていたんだ」と喜ばれるし、言ったことを忘れていると「簡単にできることなのに……」と失望されます。

私も仕事で長いつき合いのある人たちは、さらりと小さな約束を守ってくれる人。頼みごともやると言ったらやってくれるので、私も同じように応えたいと思います。

人間関係は、互いの信頼のバランスで成り立っています。相手に貸したコーヒー代数百円が戻ってこなかったら、二度と貸したくないと思うように、信頼を損なうことが一度でもあると、その人を助けたい気持ちが減退するのです。

コツコツ信頼を積み上げるのは時間と手間がかかりますが、崩れるのはあっという間。頼るのがうまい人は、そのことをよくわかっているのです。

約束を守るということは、言葉と行動を一致させること。だから、守れない約束はしない、適当なことを言わないことも大事。社交辞令で「今度、食事でも」「検討しておきます」と言うだけで放置する人は多いものですが、「口ばかりの人」「いい加減な人」という印象になり、信頼度は下がります。

約束を守ることは、「あなたを大切にしています」というメッセージでもあります。

小さな約束を守っている人は、まわりからも大切にされ、約束や時間にルーズな人は、まわりからもぞんざいに扱われてしまいます。

自分の態度は、相手の態度に影響を与えていくことを忘れずにいたいものです。

Point
「守れない約束は口にしない」のも、約束を守るコツです

人の厚意に、遠慮なく甘える

私は自他共に認める〝助けてもらい上手〟だと自負しているのですが、じつは、私から「～してもらえますか？」と頼むことよりも、まわりから「やってあげようか」と声をかけられることのほうが多いのです。「車で送っていこうか」「荷物運びますよ」「料理作りましょうか」「なにかお手伝いしましょうか」といった具合に。

そんなありがたい言葉をいただくと、私は「嬉しいです。お願いします」と遠慮なく、ご厚意に甘えます。遠慮がちな人は、「それは申し訳ないので、大丈夫です」と断わることがありますが、それは心配無用です。

「やってあげようか？」と声をかけてくれるとき、相手は「やってあげたい」と思っていて、すでにその心づもりができているのです。逆に、差し出した手を「あ、お呼びでない？」と引っ込めるほうが寂しく感じるでしょう。

勇気をもって手を貸そうとしてくれた相手にできる礼儀といったら、その厚意を全力で受け取ること。「いいんですか？　助かります」「やったー！　最高です」「〇〇さんがいてよかった」と思いっきり喜び、感謝することで、相手もやってあげてよかったと満足して、さらになにかと手助けをしてくれるようになります。

手助けが不要なときは、「〇〇のほうをしてくれると嬉しいです」と別のリクエストをすればいいのです。厚意に甘えすぎず、無理をさせないことも〝助けてもらい上手〟の秘訣。やってもらう度にお礼をする必要はありませんが、自分にできるお返しをしたり、お裾分けをしたり……と、なにかの形で感謝を示すことも大事です。

「人の厚意に全力で甘えること」は、どんな場所でも生きていくための処世術といっていいでしょう。一人では生きていけないことをわかっていたら、せっかくの厚意を無下にする選択肢はありません。「やってあげようか？」という厚意を歓迎していたら、まわりは親切でやさしい人ばかりになり、なにかと甘えながら生きていけるのです。

Point
いわゆる〝人たらし〟は、人の厚意に甘えるのがうまい人たちです

いただきものをしたら、すぐに感想をフィードバックする

まわりからなにかとよくしてもらう人は、いただきものの厚意にも全力で応えます。たとえば、ご近所から家庭菜園の野菜をいただいたら、「ありがとうございます」とお礼を伝えるのはもちろんのこと、「みずみずしくて、すごく美味しかった」と感想を伝えたり、「こんなふうに料理しました」と写真つきのメッセージを送ったり。いただいたものを喜んで利用している様子を伝えることが、相手が「贈ってよかった」といちばん喜ぶことだとわかっているからです。

私はお中元や旅のお土産などを宅配便で受け取るとすぐに、できるだけ電話で連絡をします。相手が勤務中とわかっていればメールやSNSにしますが、贈り物が届いたときは、声を聞ける貴重なチャンス。「素敵なものが届きました。ありがとうございます」と手短に話すだけでも心の通った交流ができるのです。

マナー本にあるように「ちゃんとお礼状を書かねば」と思っていると、つい先延ばし

になってしまうもの。相手は到着日もわかっているので、連絡がないと心配になります。「ちゃんと」ではなく「すぐに」のほうが、喜びや感謝をリアルに伝えられるはず。

そして、できるだけ早めに食べたり、使ったりして具体的な感想と感謝を伝えます。この二度目のお礼がとても大切。相手は自分が「役に立っている」「貢献している」という〝自己有用感〟をもって、確かなつながりを感じてくれるのです。

私が贈る立場になったときも、相手が喜んでいる様子を見るのがいちばん嬉しい。出産祝いにぬいぐるみを贈ったときは、赤ちゃんと一緒の写真つきメールがフィードバックされてきて、しみじみ幸せな気分。友人の誕生日にアクセサリーを贈ったときは、つぎに会うときにつけてきて「似合ってよかった！」と安堵しました。自分が役に立っているという〝自己有用感〟を味わうほど、人になにかをしてあげたくなるものです。

〝喜び上手〟は〝助けてもらい上手〟であることは、間違いありません。

Point

贈り物が届いたら、まずは簡単に、二度目は感想込みのお礼をしましょう

どんなことからも「ありがとう」を見つける

頼ることと、感謝することは、切り離せないセット。単なる礼儀ではなく、「ほんとうに助かりました。ありがとうございます」と喜びと敬意を示すことで、信頼感がわきます。相手も「喜んでもらえてよかった」と満足することで、また力になろうと心の交流は循環していきます。感謝がなければ人は離れていくでしょう。

〝頼り上手〟は〝感謝上手〟でもあります。特別になにかしてもらったときだけでなく、なにもなくても、さまざまなことに対して感謝することを習慣にしています。いつも感謝の気持ちがある人は、まわりの人を肯定し、味方にしていきます。感謝ができない人は、敵意をもちやすく、声をかけ合うこと、助け合うことが少ないはず。

ここでは**ほんとうの〝感謝上手〟がしている3つのこと**をご紹介します。

1 「Doing（行為）の感謝」だけでなく「Being（存在）の感謝」が大事　なにかしてもらったときだけでなく、家族や仲間がいてくれること、学ばせてもらえること、仕事ができることなど「いま、ここにあるもの」に対して普遍的に感謝ができるので幸せになりやすく、人が集まってきます。

2 〝あたりまえのこと〟にも感謝　同僚が業務連絡をくれたこと、家族が食事を作ってくれること、清掃の方がゴミを片付けてくれることなど、あたりまえすぎて見えなくなっている感謝にも気づき、「いつもありがとう」と口に出すのが感謝上手。言葉にして伝えることで、相手は報われたような気持ちになり、癒やされ、元気になれます。

3 一見、ネガティブなことにも感謝　頼って断られたことにも「正直に言ってもらえてよかった」、頼った結果、うまくいかなくても「尽力してくれたこと自体に感謝」、別れがあっても「出逢えてよかった」と感謝し、肯定できるので「愛のある人」「懐の深い人」という印象があります。人間ですから腹がたつこともありますが、感謝の気持ちを忘れなければ、関係がこじれにくく、互いを大切にしていけるのです。

Point

一見、ネガティブなことからも感謝を見つける人は、すべてを味方にしていきます

できないことは、〝発展的〟に断る

信頼関係を築くために、できないことを「できない」と言うことも必要。同僚から押しつけられる仕事、家族や恋人からのワガママな要求、自治会やＰＴＡの役員や係など気を遣ってなんでも応じていたら、身がもたないでしょう。

頼み上手な人は、断るのも上手。無理なこと、難しいことは、〝仲間意識〟をもちつつ、さらりと伝えるので、逆に信頼ができて、頼んだり頼まれたりする関係が続くのです。

「断るのが苦手」という人は、つぎの**断り上手な人がやっている４つのテクニック**を実践してみてください。断ることへの罪悪感がなくなっていくはずです。

1　「〝今回は〟できない」と発展的に断る　「あぁ、残念。お力になりたいけれど、今回はむずかしいです」というように、協力したい気持ち、残念な気持ちとともに伝えましょう。「今回はできない」「今日は無理です」「今週は忙しくて……」といまはできない状態だと断ることは、「またの機会に」と発展的に伝えていることになります。

2　できない理由をざっくりと伝える　近しい関係であれば「気が進まない」「やりたくない」と正直に伝えるのもありですが、仕事や係は「やりたくてもできない」として伝えるのが大人。といっても事細かく説明する必要はありません。「最近、仕事が立て込んでいまして」「予定が入っていました」「体調面で不安があるので……」など、ざっくりした理由でも相手は「それは仕方がないですね。また今度」と言ってくれるはず。

3　相手と一緒に代替案を考える　少しでも力になりたい場合は、「ぜんぶはむずかしいですが、この部分だけならやれそうです」「来週ならできるかも」など部分的に引き受けるのもあり。「じゃあ、こうしては?」と一緒に考えて折り合いをつけて。

4　頼んでくれたことへの喜びや感謝を伝える　最後に「頼ってもらえて嬉しい」「声をかけてくれてありがとう」など肯定的な言葉を加えることを忘れずに。「あなたを大事に思っています」というメッセージが伝われば、関係性は悪くならないはずです。

Point

丁寧に断って理解してもらえない相手なら、距離を置く必要があります

「私たち」「一緒に」という言葉をよく使う

アドラー心理学の核になる「共同体感覚」という言葉があります。

「共同体感覚」とは、「人と人はつねにつながっていて、自分はあくまでも共同体の一員なのだ」という〝仲間意識〟に近い感覚で、人間関係でたどり着くゴールとされます。

共同体のなかで協力して生きていくためには、自分を押し通す自己中心的な考えではいけないし、自分が我慢すればいいという自己犠牲的な考えでも継続できません。

共通の目的のためには、それぞれが「そのままの自分」を肯定して、自分のできることで貢献し、助け合うこと、譲り合うことが必要なのです。

頼るのが上手い人は、「私たち」「一緒に」という言葉をよく使います。協力するための主語は、「私」ではなく、「私たち」。「私たちがやっていることって、とても意味のあることだと思う」「道のりは長いけど、一緒にがんばりましょう」というように。

仕事を頼むときも、「この仕事、お願いします」より、「この仕事、一緒にやりませんか？」のほうが、心強く感じ、モチベーションも高まります。私たちは古来、協力して生き抜いてきたからでしょう。実際、「一緒にやること」の効果は計り知れないのです。

ある大学でどのグループがもっともジム通いを習慣化できるか、実験しました。
①週3回行ったらお金の報酬
②ほかの人と運動量を競わせる
③参加者同士でペアになって一緒に行く
21日間（3週間）経って、もっとも習慣化できたのは、③の仲間をつくること。つぎに②競わせる、①報酬と続きました。興味深いのは、21日でジム通いの習慣ができても、同じくらいの期間でその習慣はなくなってしまうということ。習慣化したあとも、仲間やライバルとのつながりを維持していたら、継続できる可能性も高いでしょう。

共同体感覚を働かせてこそ、成長、充実感、幸福感もあります。「私たち」「一緒に」という視点をもつことで、自然に頼り合うことのハードルも低くなっていくのです。

Point
共同体感覚が強い会社、家族、友人は離れずに続いていきます

1日1回、「ひとり時間」をもつ

前項で説明した成長や幸せの源となる「共同体感覚」は、まわりに関心をもつことで生まれます。そのためには、〝ひとり時間〟をもって、自分自身にも関心をもつことも必要なのです。

大切な人や、会社や家族、地域などコミュニティに柔軟に合わせ、貢献することも大事ですが、一方で個人の自由意思も尊重されるべきでしょう。とくに現代社会は、多様な価値観が錯綜していて、会社の論理、地域の権力者の論理を〝共通認識〟にしようとすると、とんでもなく衝突やストレスが発生するし、いい方向には進みません。

いちばんよくないのは、「みんなはできるのに、自分はダメだ」「誰も自分をわかってくれない」などと自分を否定すること。「自分は自分でいいのだ」という肯定感があってこそ、それを受け入れてくる人とつながり、心地よい〝居場所〟もできるのです。

自分ができないことをわかって、肯定できれば「できないことは、誰かにやってもらおう」という発想になります。自分ができることをわかっていれば、他人から認められなくても誇りをもち、自分なりに貢献して人とつながれます。

そして、どんなことが好きで、どんな道を行きたいのかがわかっていれば、同じような方向を見て、価値観を擦り合わせて進もうとする人たちが集まってきます。

そんなふうに自分に向き合って、正直な自分を取り戻す時間が、〝ひとり時間〟なのです。毎日、家族や同僚など人と一緒にいる人ほど、自分を解放する時間は大事。

私たちは人といるかぎり、なにかの影響や制約を受けているもの。ただ、ぼんやりしたり、好きなことに夢中になるだけでも、〝ひとり〟の意味は大きい。モヤモヤしているときも、自分を外側から眺めて「私、嫌なんだ」「不安だよなあ」など本音がわかれば、それだけで主観的な怒りや不安から解放され、対策も打てます。1日10分でもひとりになって自分に関心をもつことで、他人にも関心をもち、頼り合うこともできるのです。

Point
「これが自分」と認めれば、他人からもそのままで受け入れてもらえます

第 4 章

頼り頼られる
心地よい
“居場所”のつくり方

頼るためには、人間関係の〝土壌〟が必要です

あなたにとって「ここが自分の居場所」と感じるような心地よい人間関係は？　まわりの人たちにそう質問すると、こんな答えが返ってきました。

「揉め事は絶えませんが、やっぱり家族ですかね」

「役割があって必要とされているので、職場かな」

「毎週立ち寄って常連とおしゃべりをするスナックです」

「ネットのコミュニティが毎日を支えてくれています」

「家庭にも職場にも、どこにも居場所はないですね」

……と、さまざまな〝居場所〟のイメージがあるようです。

〝居場所〟の定義は人それぞれですが、共通していえるのは「ここにいてもいい」というような仲間意識や心地よさがある場所。職場や家庭などで「居場所がない」というとき、なんとなく疎外感があり、心地よくない状態なのでしょう。

「では、その居場所は〝頼みごとができる場所〟ですか？」と聞くと、途端に「うーん。頼みごとってなかなかできないですよね」「人から頼られることはあっても、自分から頼ることはないですね」と考え込んでしまうのです。

〝頼れる関係〟というのは、「ここにいてもいい」という安心感だけでなく、もう少し突っ込んだ「ここでは頼ってもいい」という安心感のあるつながりが必要なのです。

しかし、「安心感のある場所だから頼れる」という一方で、「頼ること、頼られることの積み重ねで、安心感のある場所をつくっていく」ということもできます。

つまり、この本に書いてきたように〝頼るスキル〟を身につけることで、いまいる場所を〝居場所〟にしていくこともできるし、新しい居場所を開拓することもできるのです。

第４章では、そんな頼り頼られる〝居場所〟のつくり方についてお伝えしていきましょう。

Point

〝頼るスキル〟を身につければ、どこでも生きていけます

居場所づくりに必要なのは「貢献すること」より「心を開くこと」

「自分の居場所をつくるためには、その場所に貢献することが重要」という考え方があります。とくに職場などでは、なにかの役割があって、まわりや会社に貢献してこそ、存在価値があるのだという価値観になりがちです。

しかし、役割や貢献というのは、自分の活動のほんの一部。どこにいても「役割がないと、安心できない」というのは、自分に対して無価値感があるのかもしれません。

国内外を転々と暮らしてきた私は、どこに行っても貢献できることは少なく、現地の人たちに「頼りっぱなし」でした。とくに病気で歩けなくなったときは、お世話になりっぱなし。最初は自分がなにもできないことに苛立ちを感じることもありましたが、人の助けを借りているうちにこう考えるようになったのです。

人を頼ることは、つながりをつくること、人のやさしさを引き出すこと。だから、これもひとつの〝社会貢献〟ではないかと。私のまわりに「頼ってもいい」という空気が生まれることで、ほかの誰かも少しだけ頼りやすくなるのです。

私の頼みごとに快く応えてくれたり、「私がお手伝いします」と自ら行動してくれたりする人の姿や、「ありがとう」と感謝したときの満足そうな笑顔を見ると、やはり人間は「人に喜ばれること」がいちばんの幸せなのだと感じます。

「貢献すること」よりも大事なのは、「心を開くこと」、人に関心をもち、人から関心をもってもらうことではないでしょうか。貢献できなくても、自分からまわりに関心をもって話を聞き、自分のことも「こんなことで困っています」と弱みも含めてオープンに伝えることができたら、誰かが味方になってくれるものです。

ギブ&テイクではなく、いま、ここでは「頼られっぱなし」のギブ&ギブ、「頼りっぱなし」のテイク&テイクでいいではありませんか。「自分が助けたいから助ける」という人のやさしさを信じて、ありがたく受け取れたら、誰もが幸せになれるのです。

Point

「頼りっぱなし」「頼られっぱなし」の場所があってもいい

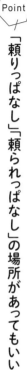

相手の気を引こうとするのではなく、相手に関心をもつ

「人に関心をもつこと」「他人から関心をもってもらうこと」について、もう少し考えてみましょう。私たちは生きていくために、〝他人からの関心〟が必要なのです。

それは人間が社会的動物であり、一人では生きていけないからです。

「職場にも家庭にも居場所がない」というのは役割がないのではなく、気にかけてもらえない状態だから。役割があったとしても仲間はずれだったり、空気のように扱われていたりするからでしょう。反対に「スナックの常連同士で仲がよく、なにかと気にかけてくれる」という状態なら、〝居場所〟だと感じるかもしれません。

まわりの人が自分に無関心で、心の交流がない状態は孤独で、心と体の健康を損なうほどマイナスの影響があるといいます。〝ひとり好き〟な人も、人づき合いの煩わしさから生じていることが多く、誰からも関心をもたれない状態は心許ないはずです。

定年退職後に海外移住した夫婦は、３年以内に半分以上は帰国するといいます。ボラ

ンティアや趣味の教室など現地の人と積極的に交流して友人をつくり、声をかけ合う人たちは暮らしがゆたかで楽しいものになって、帰国しない。一方、夫婦や日本人だけで固まっていると生活に広がりがなく、3年経つころには孤独と退屈で帰国の途へ。

「他人からの関心」の本当の意味は、人として認め、尊重されること。それがない場所では、人としての尊厳が少しずつ傷つき、安心感がもてないわけです。

私たちは、居場所や仲間がほしいと思うとき、つい相手の気を引こうとしてしまいがちですが、まずは自分から相手に関心をもち、話を聞き、愛のある言葉をかけ、一緒に楽しい時間を過ごすことが大事。それによって、まわりからも自然に大切にされるようになり、その場所は心地よいものになるはずです。

まわりの人を、ただ気にかける。困っていたら助ける。幸せを一緒に喜ぶ……。そんな人としてあたりまえのことが、とても大切なのです。

Point

人に関心をもてば、自然に自分に関心をもってくれる人も現れます

まわりに合わせるのではなく、自分のままで生きてみる

私が職場や住む場所を変えながら生きてきたなかで、いちばん心掛けていたことはその場所に合わせることではなく、「正直であること」でした。

もともと、ものすごく気を遣ってまわりに合わせようとする性格。かつては、職場で外食したくないのに無理にランチに付き合ったり、「これくらいの仕事、できるよね？」と言われれば、キャパオーバーでも一人でやりきろうと無理をしていたものです。

それが成長にもつながってはいますが、ぜんぶ一人で抱え込んでいると、仕事はどんどん溜まっていき、いい人を演じているので人間関係にも疲弊してくるわけです。

「正直でいる」と決めてから、人と意見や行動が違ってもよしとし、「できない」「苦手」と伝えて得意な人に任せるというスタンスに。それぞれができること、得意なことで協力したほうが、格段にスピードも速く、クオリティも高いわけです。

そのままの自分を受け入れてもらえると、自然に役割分担もできて、協力体制もでき

てきます。「今日は早めに帰らなきゃいけなくて……」といった自分の都合も言えるようになり、「じゃあ、それはやっておくね」と協力し合って仲間意識は高まる。「頼むと迷惑になる」のではなく、助け合うことで関係性は強化されて、可能性は広がるのです。

都会から田舎に移住したある女性は「料理が苦手なんですよね」と言っていたら、近所の高齢女性が週2回、作り置き料理を届けてくれるようになったとか。「私も一人暮らしだから、食べてもらえるだけで作り甲斐があるの」と言って。料理を教えてもらったり、その女性にスマホの使い方を教えたりして親子のような関係になっています。

複雑な現代社会では、仕事、家事、育児、キャリア磨きなどやることが多いもの。必要なのは、無理をして一人で抱え込むことではなく、まわりと課題を共有し、人の力を借りながら生きていくことなのです。

Point

頼ることで、つながりが強くなり、自分の可能性も広がります

居場所をあちこちにもって、ゆるくつながる

昨今は職場や家庭といった基本的な枠組みにとらわれない、「サードプレイス」と呼ばれる居場所を求める人が多くなってきました。

「サードプレイス」とは、職場や家庭での役割から解放されて、一個人としてくつろげる場所のこと。昔に比べて、職場や家庭のなかにいれば一生安泰というものではなくなったことも関係しているでしょう。これまでの画一的な生きかたではなく、自分に合うつながりを探している人が増えているようです。

インターネットの普及で個人が気軽に、ゆるくつながれるようになったこともあり、求めればいくらでも「サードプレイス」になりそうな場所はあります。

コワーキングスペース、シェアハウス、趣味のサークル、社外のセミナー、地域活動、同級生グループ、スポーツ仲間、オンラインサロン、行きつけのカフェやスナックなどで交流を楽しんでいるうちに、心地よい場所もできていくでしょう。

私は日頃はフリーランスで活動していますが、ライターや作家仲間、易経を読むグループ、短歌の会、伝統楽器の愛好会など、いくつものグループとゆるく関わっています。立場を超えてフラットに一個人として交流するのは、楽しいもの。たとえば、伝統楽器の愛好会のメンバーはほぼ70代男性。職業もバラバラなので、違う世界の興味深い話を聞けたり、楽器をいただいたり、一緒にイベントに出場したり。博識のある先輩方からさまざまな知恵や、人生の楽しみ方を教えてもらっているのです。

できることなら、居場所はひとつに依存せず、複数のグループと気楽にゆるくつながるのが、結果的に長く続き、いいおつき合いになるもの。そのままの自分を受け入れてくれてポジティブなコミュニケーションがとれる居場所は、癒しの場にも、視野を広げて生きる力を与えてくれる場所にもなり、大切な〝資産〟となるはず。日頃、職場や家庭にどっぷり浸かっている人ほど、そこから離れる時間と場所が必要かもしれません。

Point

一個人としてフラットにつながる関係は、自分を取り戻す場所でもあります

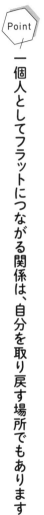

積極的に動くほど、頼れる存在は現れる

「人間関係は、狭く深いほうがいい」という声を聞くことがあります。

たしかに、たくさんの人と名刺を交換したり、遠い親戚や話の合わない同級生と義務的につき合ったりしても、あまり意味はないでしょう。人を大切にできるキャパシティには限りがあって、いちばん身近にいる家族や親友から大切にすることは重要です。

私も〝親友〟と呼べるコアな人は少ない。けれども、もう少し範囲を広げると、〝友人〟と呼べる人は数十人いて、この存在がとても大切。ときどき気になって「どうしている?」と連絡したり、ふとしたときに相談したり、頼みごとをしたり。連絡の頻度は少ないのに、深くつながっていると感じる友人も、少なくないのです。

年齢も職種も住む場所も幅広い友人が私を支えてくれていて、彼らの仕事の成功や就職、定年退職、結婚、出産などを一緒に喜んだり、彼らがやっている活動に関心をもったり、応援したりするのも幸せなこと。人生を充実させてくれると感じます。

人との縁というのは、狙ってできるものではなく、偶然の産物。だから、積極的に動けば動くほど人と接する機会が多くなり、同じ目的をもった人や、価値観が似ている人、助け合える人など、自分に合った人が見つかりやすくなります。

興味のある場所にはどんどん出かけて行ったり、「行く？」と誘われたらすぐに「行く！」と乗っかったりして、ストレスがない程度に楽しみながら動くことが大事。

ただし、「この人とつき合ったら利益がありそうだ」などと損得感情で近づいても、同じような人ばかりを引き寄せて、うわべだけのつき合いに。それよりも、仕事相手も含めて「面白い人だ」「尊敬できる」とその人自身に興味をもち、「なぜか気が合う」「一緒にいて楽しい」など〝遊び相手〟を見つける感覚のほうが、うまくいく。「無理をしなくても長く続いている」という相手は、縁がある人なのでしょう。歳を重ねるほど幅広い人とつき合ったほうが楽しく、感性が磨かれるとは実感するところです。

Point

フットワークの軽い人は、学びや成長が多く、自分に合った人を引き寄せます

〝一対一〟のよさ、〝グループ〟のよさを見直してみる

これまで人間関係は〝一対一〟のつき合いが基本だと思い、〝グループ〟を敬遠していました。

一対一で話すと、相手と向き合って深く知ろうとするし、誰もついてこられないようなマニアックな話もできるので、つながりは強くなる。対して、グループの大勢での食事会、飲み会は、ただわいわい楽しんでいることが多く、みんなに共通する話をするので浅い会話になって、話を掘り下げられない。消極的な人は発言できなかったり、価値観の合わない人は浮いた存在になったりして心地悪くなってしまう……なんて思っていたのですが、それはグループづき合いの面白さが見えていなかったのかもしれません。

ここ数年、趣味の会や地域の集まりなどのグループに参加して、これはこれで楽しい、むしろ、なくてはいけないのではないかと感じているのです。

一対一の関係は、「この人とは合わない」と感じたり、少々ギクシャクしたりすると、

すぐに縁が切れるのに対して、グループのつながりは、クモの巣のように重なり合って成り立っているので、合わない人がいても続いていきます。とくに目的をもった会や、価値観を共有するグループであれば、少々変わり者でも歓迎してくれるし、一緒になにかをすることでチームワークも強化されて協力し合える関係になりやすいのです。

普段は接点がないような人とつき合えるのもグループのよさ。苦手な人が一人二人いても、それをカバーしてくれる人もいるので、さほど苦にならない。グループチャットで誰かが困っている課題を投稿して、みんなで一気に解決したり、有益な情報を共有したりして、頼り合うことでつながりが強くなります。心地よく、前向きなグループは、〝セーフティネット〟のような居場所になっていくわけです。

グループでのつき合いから、気が合う人とは一対一のつき合いも生まれ、友人や恋人、配偶者になることも少なくありません。一対一、グループ、それぞれのよさを見直して、人との交流を楽しみたいものです。

Point

「自分のまま」でも受け入れてくれるグループは、居場所になっていきます

いまいる場所を「助け合える場所」にする

職場や家庭など生活のベースになる場所でも、「頼ることができない」「お願いができる雰囲気ではない」ということはあるのです。普段は仲がよくても、問題が起こると「それはあなたの責任でしょ」「私には関係がないので」とギクシャクすることもあります。

じつは、「助け合える場所」をつくることは、利益や成功を生むことよりも大事なこと。なにかを得ることばかりに目が向いて、「困ったときはどうするか?」「困らないためにはどうするか?」という関係性を重視していないから、人は離れていくのです。

人生はいいときばかりではありません。ずっと働ける職場や、仲のいい家庭には、「大丈夫。一緒に乗り越えましょう!」という〝仲間意識〟と、相手を責めずにフォローしようとする〝チームワーク〟があるものです。

いまいる場所を「助け合える場所」にするための3つのポイントは……

1　こまめなコミュニケーションで風通しをよくする　まめに声をかけあい、気兼ねなく相談すること、意見を言うことなどコミュニケーションをとることで、相手の状況や性格もわかって対応がとれます。

かつては仕事とプライベートを切り離すのがよしとされていましたが、昨今は家族に職場を見てもらったり、一緒にイベントをしたりする会社も増えました。背景が見えて理解や情愛があってこそ、フォローもできるのです。

2　チームの目的と仲間意識をもつ　仕事でも家庭でも、共通の目的があるもの。それを共通認識としてもっていると、大事な存在として尊重し、責めるところではないと気づくはず。「私たち」「一緒に」という言葉を使うのも、仲間意識を高めるヒケツ。

3　柔軟にフォローできる〝仕組み〟をつくる　助けたい気持ちはあっても、現実的に「その人しかできない」「自分も忙しい」などでフォローできないことも。一人しかできないタスクをなくし、誰かができる仕組みをつくることが肝心。時間管理を見直して、精神的に余裕のある状態をつくっておくことも、心がけたいポイントでしょう。

Point

まわりを気にかけるためには、時間の余裕、心の余裕が必要です

地域で「ゆるいつながり」をつくるために

私は引っ越す度にその地域で、ゆるいつながりをつくるのが好き。といっても「お友だちになってください」などと声をかけているのではありません。

ご近所であれば、あいさつ程度のつき合い。ですが、あいさつから、ゆるいつながりが生まれることが多いのです。

先日は庭で水まきをしている女性に「こんにちは。お花がきれいですね」なんて声をかけたら、「もっていきますか?」と枝を切ってくださったことがありました。高齢男性とは雑談に発展して、男性の作っている玄米を売ってもらったことも。

カフェ、お花屋さん、パン屋さん、ガソリンスタンドなど馴染みの店があって、「お久しぶり。お元気でした?」と声をかけ合うのも楽しいもの。あたたかい交流が生まれ、なにかとよくしてもらえるだけでなく、「いま、公園の藤の花が満開ですよ」「日曜日はバザーがあります」と地域の情報を教えてもらえます。

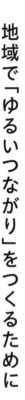

レストランで同席したことから、一人暮らしをする女性3人のグループもできました。ときどき一緒に食事をするだけでなく、誰かが病気のときは食料をもっていったり、旅行のときは空港まで送迎したり……と、近くに頼りになる人がいると、心強いもの。互いの都合を尊重して無理をさせないのも、つき合いのヒケツです。

ご近所づき合いでもっとも注意すべきは距離感。物理的に近いだけに、「つながりがない状態」も「つながりすぎる状態」も息苦しく落ち着かない。離れられないので、「ゆるくつながる状態」で、一人ひとりとほどよい距離感を保つことが大事です。

足元にある地域のつながりは、生活をサポートしてくれるだけでなく、災害や防犯対策などお世話になる場面もあるため、普段から大切にしたいものです。

「ゆるいつながりだけど、声をかけたり頼ったりできる人」。そんな人がまわりに増えてくると、毎日の暮らしはゆたかで、楽しくなっていくはずです。

Point

「あいさつだけはしよう」と心がけていると、自然にゆるいつながりはできます

価値観の合う人たちを集めて〝居場所〟をつくる

世界幸福度ランキングトップ3の常連であるデンマークを旅したとき、〝ヒュッゲ〟を楽しむ機会が何度かありました。

ヒュッゲとは、人が集まって過ごす心地よい時間や空間のこと。友人やご近所さんと食事をしながらわいわいおしゃべりしたり、映画や音楽を楽しんだり、公園の木の下でまったりしたり。料理もホストがもてなすのではなく、お惣菜を持ち寄ったり簡単なものを一緒に作ったり。気楽な集まりだから負担がなく続いていくのです。

彼らが共有するのは時間や空間だけでなく、〝価値観〟。大切な人を思いやる時間を過ごして、それぞれのやりたいことを補い支え合いましょう……という素敵な価値観が、心地よい人間関係をつくり、幸福度の高い国民性になっているのだと実感したのです。

そこで私も月1、2回、友人を集めて、気軽な〝ヒュッゲ〟をするようになりました。

これが大好評。初めて会う人同士が意気投合して、互いの仕事を応援したり、誰かが自分のやりたいことを話して、みんなで実現させる方法を考えたり。さらに、ときどき集まっていれば、そこが互いを気にかける〝居場所〟になっていくのです。

自分でつくった居場所が、ほかの人の居場所にもなれたら幸せなことです。

ある友人は60代の恋愛についてブログで発信していたら、そこにコメントをする読者たちとの交流が生まれ、オフ会を開いて恋愛相談に乗ったり一緒に旅行をしたり。ブログやSNSで発信することで、近い価値観の人とコミュニティが生まれたのです。

生きていくうえで見守ってくれる人がいるのは、安心できて、力をもらえるもの。互いを気にかけていれば、自然に頼り合える関係になっていきます。

リアルやSNSで声をかけて自分発信の〝居場所〟をつくってみませんか。

フラットにつながり、それぞれの人生を応援する居場所は、誰にとっても幸せなものでしかないのです。

Point

頼るのがうまい人は、人と一緒に過ごす心地よい時間を大切にしています

夢や目標は、他力に頼って叶えていく

私たちは「自分にはむずかしいかな」と思うような大きな夢でも、意外に叶えられるのです。

なぜなら、自分ができないことは人にやってもらえばいいのですから。

私も世界一周や留学、出版、起業など「こんなことがしたい」とあちこちで言っているうちに誰かが情報をくれたり、人を紹介してくれたりして、いつの間にか実現。人ができることは人にお願いすれば、「自分しかできないこと」に集中できるのです。

夢や目標を他人に話すのはひとつのプレゼンテーション。それを応援しようとしてくれる人はどこかにいるはずです。

ある女子中学生は、「これからは農業が大事になる。農業界のマリアになろう」と、中高生が農家と一緒に稲を育て、学校やレストラン、地域など消費者と連携してコミュニティでつくる農業の仕組みを考えて、ブログで発信。実際にやってみようと耕作放棄

地を探して所有者と交渉したり、一人で農水省や大企業に行って協力をお願いしたり。するると、あちこちからアイデアや情報、支援が集まって、実現までもうすぐ。

おそるべし中学生。「それは（社会のために）やったほうがいいよね」と誰もがいうことは自分のわくわくする夢だけでなく、みんなのわくわくする夢になっていきます。

自分の実現したいことを、相手の得意なことで助けてもらう。それは、相手の〝出番〟をつくることになります。そして、同じ目的をもつことで、一緒に舞台をつくっていく〝仲間〟になれるのです。

人は「自分を喜ばせること」より「人に喜んでもらうこと」のほうが好きで、元気になれる。頼ること、頼られることの〝化学反応〟で生まれる偉大な力を信じられたら、夢や目標は叶っていくはずです。

ぜひ〝頼り上手〟になって、あなたと、まわりの人の人生を輝かせてください。

Point　人をうまく頼ることで、自分のもっている以上の力を引き出すことができます

あとがき

この本を書いたきっかけは、最近、「人に頼りたいけど、頼れない」と感じている人が増えているのではないかと思ったからです。

それによって、人が孤独になっているだけでなく、人が精神的に成長していく機会、幸せを実感する機会も奪われているように感じます。

人は、頼り頼られることで成熟していくのです。

かつては会社のなかにも、地域にも親族にも頼れる人がいて、困ったときはすぐに助けを求めたものでした。社会構造的に長く続くつながりがあり、見守られている安心感もあったからでしょう。

しかし、時代は「地の時代」から「風の時代」になったといわれます。

人間関係も地縁、血縁、一生働く会社の縁など縦につながる強固な関係から、個人それぞれが信頼できる人とフラットにつながる関係へと移行しつつあります。

それぞれの自由な選択ができる半面、「自分のことは自分で」という〝自己責任〟の冷たい空気が漂ってきたのも事実。会社内では誰もが忙しいので、困っている人を見て見ぬふりしたり、家庭内で役割分担しても「どちらか一方しかできない」、つまり負担の大きい〝ワンオペ〟になりがちだったりします。

つまり、「頼れない」というのは、個人の性格の問題だけではなく、教育や社会構造的な要因もあるのではないかと思ったわけです。

じつは私も人に頼るのが、ほんとうに苦手でした。「まわりに迷惑をかけてはいけない」という気持ちが根強く、会社のなかで、なぜかいつも自分だけが山のように仕事を抱えている。まわりでおしゃべりをしている同僚がいると、「なんで自分ばかり」「もっと仕事してよ」と腹が立って、性格が歪んでいくようでした。

雑誌のフリーライターになってからは、ますます「これは自分しか書けないから」「せっかく自分を見込んで頼んでくれたから」と、寝る間も惜しんで自分を追い込んでいきました。正直、「認められなきゃ」という焦りもありました。

その結果、体を壊して仕事ができなくなってしまったのです。

いま考えると、「自分のことは自分で」「自分しかできない」というのは、傲慢な考え。

「人は一人では生きられない」「代わりになってくれる人はいる」のが人間社会であり、すべての生き物の自然な有りようなのです。

育児休暇を取ったある男性が、こう言っていました。

「家事も育児も〝どちらかができる〟ではなく、〝どちらもできる〟という状態にしておかないと、うまく回らないことがよくわかりました」

もちろん、それぞれの役割や、得手不得手はありますが、「ぜんぶ一人ですることはできない」という前提でいなければ、すぐに立ちゆかなくなるのです。

私も病気になったり、地方や海外暮らしをしたりして「人の助けを借りないと一日も生きられない」と身に沁みてから、少しずつ頼ることを覚えました。

必要に迫られて〝頼るスキル〟を身につけたといってもいいでしょう。

そう、頼ることは〝スキル（技術）〟であり、頼り方のコツがわかれば、誰でも簡単に人の力や知恵を借りられるようになります。

しかし、ほとんどの人は、人に頼る方法を学んだことがないので、いつまでも「頼りたいけど、頼れない」状態ではないでしょうか。

人への頼り方、甘え方を知らないために、一人で抱え込んで心や体を病んだり、夫婦関係が破綻したり、最悪の場合は、誰にも相談できずに命を落とすこともあります。

風の時代にいちばん身につけるべきは、〝頼るスキル〟。それさえあれば、どこに行っても、一人であっても生きていける。困ったときに助けてもらったり、自分のやりたいことを応援してもらえたりするのです。

現代は職場や家庭など狭いコミュニティのなかで頼り合うのではなく、同じ目的や価値観をもつ人など、広い世界の、複数のコミュニティとゆるくつながり、互いに信頼して心の交流をしていく時代になりました。

誰かに頼っていいし、誰かが助けてくれます。

むしろ、頼ることで信頼関係が生まれ、自分も相手も幸せにし、まわりの人たちも幸せにします。

この本を読んで「頼るのがうまい人」「頼るのが好きな人」が一人でも誕生したら、著者としてこれほど嬉しいことはありません。

有川真由美

巻末特典

「頼るのがうまい人」の頼み方 実践編

シチュエーション

声をかけて頼むとき

✕

すみません、会議の準備を
手伝ってもらえますか

◯

〇〇さん、ちょっと頼みたいことが
あるのですが

◯

△△先輩、相談があるのでいま10分
ほどお時間はありますか？

いきなり「手伝って」では、相手は戸惑うもの（簡単なことであればOK）。最初の段階でつまずかないよう、「頼みたいことがあります」「時間はありますか？」と、クッションになる最初のひと言を決めておいたほうがスムーズです。

頼みごとをするのは、少々勇気のいる行為。こちらが緊張していると、相手も緊張します。声かけのパターンをいくつか決めておくと、落ち着いて会話が始まります。

Point 1 「名前」で敬意を示す▼「すみません」と声をかけるより、名前がわかっていたら、敬意をこめて笑顔で「○○さん」「△△先輩」など名前を呼びましょう。相手は自分の存在を認められたようで、ちゃんと向き合う姿勢になります。

Point 2 「お願いしたいことがある」とワンクッションおく▼事前に「頼みたいことがあります」「時間はありますか」など尋ねてから依頼すると、協力してもらえる可能性はアップ。最初の言葉に「いいですよ」「なんでしょう」と快く応じることで、一貫して親切であろうとする心理が働き、つぎの依頼も引き受けやすくなるのです。

Point 3 「ちょっと」ではなく「10分ほど」と時間を具体的に▼頼みごとや説明に時間をもらいたいときは「あとで」「お昼ごろ」など曖昧な言葉では、時間感覚のズレが生じて、すれ違いのもとに。「これから10分ほど」「午前中のうちに15分くらい」など具体的に伝えたほうが、相手も安心。さらに、「10分」「15分」と言ったら、その時間の約束をちゃんと守ることで信頼につながります。

シチュエーション

急にお願いしたいとき

×

今すぐ手伝って

○

急な仕事が入って困っているので、一緒にやってもらえますか？

急いでいるからといって「今すぐ」と一方的に頼んでは、相手は命令されたように感じて「なんで今？」と反発することも。すぐにやってほしいときほど、事情をきちんと伝えて。

時間がないとき、切羽詰まっているときは、つい「今すぐやって」「なる早で」などと雑な頼み方になってしまいがち。すると、相手は押しつけられたように感じて、パフォーマンスも消極的になってしまいます。相手に「それは手伝ってあげなきゃ」と主体的に思わせるのが頼み上手のヒケツ。

Point 1 「急な仕事が入って」など、いまやる必要性を伝える ▼「1時間後に提出しなきゃいけないんです」「お客様が急いでいるらしくて……」など背景や事情を説明することで、頼まれる相手も納得。状況がわかるほど、積極的に助けてくれるでしょう。

Point 2 「困っています」と心を開いて心情を伝える ▼切羽詰まった状況では、「○○さんにしか頼めなくて」「一人でやれる自信がありません」と少々弱みを見せて頼ることも必要。「あなたを信頼している」というメッセージになり、距離が近づいて頼りやすい関係が生まれます。

Point 3 「一緒に」で心理的ハードルを下げる ▼「やってください」より「一緒にやってもらえますか」と言われるほうが、やらされ感がありません。「一緒」という言葉は仲間意識を感じさせ、「それはみんなのために、やらなきゃ」と自発的な行動につながるのです。

シチュエーション

意図した通りにやってもらいたいとき

×

例の企画書、明日までに
ちゃちゃっとやっておいて

○

○○の展示会への企画書、A4用紙
1枚にまとめて、明日の朝11時まで
に作ってもらえるかな

「例の」「明日まで」「ちゃちゃっと」などあいまいな指示だと、出来上がりのイメージを共有できず、依頼される人は不安になります。具体的、かつ的確な指示を出すことで手間と時間が無駄にならず、安心して取り組めます。

頼みごとをするとき、相手が自由にやれるようにと、ざっくりした言い方をしてしまう人がいますが、逆効果。具体的な指示がないと、どんなふうにすればいいかイメージがわかず、やる気も出ないのです。67ページに書いたように、依頼は「なぜ（WHY）」「なにを（WHAT）」「いつまで（WHEN）」を押さえて具体的に伝えることが大事です。

Point 1　数字を使って、誰が聞いてもわかる表現に

▼「明日まで」というと、人によって「朝イチ」「午前中」「就業時間内」「24時まで」など受け取り方はさまざま。数字を使って具体的に説明することで、行き違いを防いで確実な結果を得られます。「適当に」「大体で」「ちゃんと」「徹底的に」「ゆっくりでいい」などあいまいな表現も避けて。

Point 2　頼みごとは些細なものだとアピールしない

▼相手に断られるかもしれない不安があると、「ちゃちゃっとやって」「すぐできるから」「5分もかからないはず」など、依頼を小さく見積もろうとすることがあります。ですが、これは誠実な頼み方とはいえません。人によって時間と労力の感覚は違い、「簡単だと思ったのに、たいへんだった」など不満をもたれることも。なにより、頼む側の消極的な気持ちが伝わるので、頼まれる側も熱意をもてないのです。頼みごとが些細かどうかは相手が決めることです。

シチュエーション

迷惑にならないか心配なとき

×

連絡先を教えてもらえますか？

○

よろしければ、連絡先を教えていただけますか？

「こんなことを頼んだら、相手に迷惑なのでは？」と躊躇するときは、「よろしければ」という、ひと言を前につけるだけで、頼みやすくなります。相手にプレッシャーを与えず、「どちらでも大丈夫ですよ」と相手の意思を尊重できるので、相手も気が楽。

「よろしければ～」「ご都合がよろしければ～」という頼み方は、相手の都合を優先してほしいときに使われる、思慮深く、便利な言葉。「こんなことをお願いすると、図々しいかな」「OKしてくれる可能性は低いかな」「困らないかな」というときも控えめに頼めて、自由な返答を促す効果があります。

Point 1 少々図々しいことも「よろしければ」と頼む▼「よろしければ、ランチご一緒してもいいですか？」「よろしければ、資料を送っていただけますか？」など、前置きがひと言あるだけで頼むほうも「断られることもある」と心の準備ができて、ハードルが下がります。万が一断られても「じゃあ、また今度」とつぎにつなげたり、「大丈夫です。お気になさらず」と気楽に流したりできるはず。

Point 2 クッション言葉で断りやすくして頼む▼「もしお時間が許せば」「差し支えがなければ」「ご面倒でなければ」「可能であれば」など、条件つきのクッション言葉で断りやすくして頼むのも、相手への心遣い。「この人は押しつけてこないから、正直でいられて心地よい」と思われたら、気軽に頼り合える信頼関係もできていきます。

頼み上手な人は「よろしければ」を効果的に使って、相手の意欲を引き出すのです。

シチュエーション

「してほしくないこと」を伝えるとき

×

そのやり方はやめてください

○

別のやり方でお願いできますか？

「やめて」「それは嫌」「そうされると困る」など、否定的な言い方をされると、自分を否定されたようで気分を害する人もいるものです。してほしくないことは「こうして」「これがいい」「こうしてもらえると助かる」など肯定的な表現で伝えましょう。

同じことを伝えていても否定文にするか肯定文にするかで印象は大きく変わります。「遅刻しないでください」より「時間前にお越しください」、「いつまでも寝てないで」より「そろそろ起きて」というように、お願いをするときは、否定形を肯定形に変換することでやわらかい印象になり、受けとめやすくなります。

Point 1 否定文は理解しづらい。とくに二重否定は避けて▼「貯金ができないので無駄遣いをしないで」と二重の否定文で伝えようとすると、受け手は理解しづらいこともあります。「貯金をしたいので予算内で使って」と、頼みごとの理由とともに肯定文にしたほうがわかりやすく、ポジティブなイメージになります。

Point 2 肯定文でモチベーションを上げる▼「会議では黙っていないで」より「会議ではどんどん意見を出して」と肯定的なイメージで伝えたほうが、やる気も出ます。「それはダメ」「それではうまくいかない」と否定ばかりでは、行動を萎縮させてしまいます。「それはいいね」「こうしたらうまくいく」と肯定することで、安心してのびのびと振る舞えるのです。コミュニケーションはできるだけ肯定文で表現することを心がけたら、自分自身が前向きになれるでしょう。

シチュエーション

誰かを指名してやってもらいたいとき

×

この仕事は○○さんでいいからお願いします

○

この仕事は○○さんがいいです

○

この仕事はぜひ、○○さんにお願いしたいです

「あなたでいい」「あなたがいい」たった一文字が印象を大きく左右します。「あなたでいい」だと、「ほかにいないからあなたで」という消極的な決定、かつ押しつけられているように感じられます。「ぜひあなたにお願いしたい!」と言われると、自分を認めてくれていると感じられてやる気もわきます。

部下や後輩に頼みごとをするときに、無意識に「○○さんでいいんだけど」などと言っていませんか。相手は「別に自分じゃなくてもいいんだ」と感じて、やる気をなくしているかもしれません。「でいい」は、自分の望むものではなく、しかたなく妥協した選択。「がいい」は、自分の本当に望んでいる選択。「ぜひ○○さんにお願いしたい」は、その人自身に大きな価値を感じている選択に聞こえます。

Point 1　相手の能力や人間性への〝信頼〟を示す▼誰かに頼むのであれば「あなたでいい」は失礼。「リーダーはあなたでいい」などと言われると、自分にはその能力はないのでは?と不安になります。「あなただから頼みたい」「あなたにしか頼めない」「あなたならできる」など、その器量があること、期待していることを示しましょう。

Point 2　適任である理由を明確にする▼「あなたがいい」と言われると、相手は「どうして?」と疑問に感じるもの。「あなたに向いている」「経験とスキルがある」「これから経験を積んでほしい」など仕事を頼みたい理由も伝えて。人は、自分を認めてくれる相手の頼みには応えたいと思うもの。最初は気が向いていなくても頼み方次第で、「やってみようかな」と思ってくれる可能性大です。

シチュエーション

時間に余裕のある頼みごとのとき

✕

暇なときでいいので、
やっておいてください

○

急ぎませんが、遅くとも今月末まで
にお願いできますか？

時間に余裕があるときは相手に気を遣って、つい「いつでもいいから」などと言ってしまいがちですが、結局、いつまでも放置されていて、気を揉んだり催促したりしてトラブルになることもあります。時間に余裕があっても、「いつまでに」と決めるのが双方のため。

相手の都合を優先してもらおうと配慮や遠慮のつもりで「暇なときでいいので」「お時間があるときに」「できるときに」「ゆっくりでいいから」など、あいまいな言い方をすると、相手は「時間があるときでいいのかな」と優先順位を下げて、宙ぶらりんな状態が続いてしまいます。

Point 1　すべての仕事関係の依頼には期限を設ける▼期限がないことはどんどん後回しにしてしまうのが人間というもの。「お返事ください」だけではなく「明日中に〜」「遅くとも金曜日までに〜」など、お願いするときは期日を明確にすることで、すれ違いを防げます。「いつでもいいから」というような「いまはやってもやらなくてもいいこと」であれば、相手の負担を減らすためにも必要になってから依頼すればいいでしょう。

Point 2　大きめの依頼は一方的に期限を決めるのではなく、相手と調整する▼相手にも優先事項やスケジュールがあるので、「来週中にお願いしたいのですが、ご予定はいかがですか？」など、こちらの希望を伝えて調整することが大事。相手の返事次第で「では、この部分だけ来週中にお願いできますか？」と擦り合わせることもできます。時間に余裕があっても、期限を明確にして依頼するのが、相手への思いやりなのです。

シチュエーション

異動してきた年上の同僚に、簡単な作業を頼むとき

×

こんな簡単な作業を頼んで申し訳ありませんが

×

まずはお手並み拝見ということで

○

まずは肩慣らしということで

仕事では後輩、人生では先輩という複雑なシチュエーションは、細かい配慮が必要です。「これをお願いできますか?」だけではそっけない印象を与えてしまうので、少しだけ相手を立てる前置きがあると、相手は張り切ってやってくれるでしょう。

気を遣いすぎて「申し訳ありませんが」と恐縮した言い方になったり、逆に「お手並み拝見」と上から目線になったりしては、相手は心地悪いもの。「肩慣らしで」とは、相手の力を認めつつ、プレッシャーを与えない絶妙な頼み方です。

Point 1 「人生の先輩」としてリスペクトする姿勢を忘れない▼人それぞれ、その人にしかない経験や知識、人間性をもっているもの。とくに年上には敬意を示すことが、もっとも大事なポイントとなります。相手は「自分は見下されている」と感じたら、やる気をなくすでしょう。「○○さんのご意見、勉強になります」などいいところを積極的に口に出して。親しくなってもできるだけ敬語を使い、依頼するときは命令口調にならないよう気をつけるのも、相手のプライドを傷つけない秘訣です。

Point 2 能力や専門性を見極めて頼る姿勢を見せる▼相手の得意なこと、苦手なことを理解して、能力のレベルに合った仕事を頼むことが重要。くれぐれも「なんでできないの?」と傲慢な目線にならないように。そして、折に触れて「頼りになります」「○○さんがいてよかった」「おかげでうまくいきました」と信頼、感謝している姿勢を見せましょう。年下から頼られれば、期待に応えようとがんばってくれるものです。

シチュエーション

協力体制にあって、なにかをお願いしたいとき

✕

ホームパーティーになにか一品もってきてくれる?

〇

ホームパーティーになにか一品もってきてほしいのだけど、サラダとデザート、どちらがいい?

なにかを担当することが前提にある場合、"二者択一法"で相手に選んでもらうのが効果的。「なにか一品」だけではぼんやりしていて、「なにをどうすればいいか」考えて決める負担が大きいのです。

「AかBか、どちらがいい？」という頼み方は、相手が自ら選択することで、主体的な行動を促す効果があります。たとえば、家族で大掃除をするときも、配偶者や子どもに「あなたもどこか掃除して」と言うと、やりたくないうえに、どこをやればいいかわからないので、やる気がわきません。「窓ガラスを拭いて」も具体的で悪くはありませんが、命令されてしぶしぶやるスタンスになります。

Point 1 「AかBか」という選択肢で相手に好きなほうを選んでもらう ▼「窓ガラスを拭くのと、掃除機かけるの、どちらがいい？」と質問すると、やりたくない気持ちよりも、「自分にとってどちらがいいか」という選択に意識が向きます。「窓ガラスを拭くほうがよさそう」と自分で決めたことは、責任をもって取り組もうとするもの。

Point 2 相手が決めたことを尊重して期待する ▼内心、「やりたくないだろうな」と思っても「ごめんね。たいへんだよね」などと恐縮しては、相手もトーンダウン。「お、窓ガラスをやる？　いいね。ピカピカになるのを期待してる」とポジティブに期待を示しましょう。「できる人」「やるときはやってくれる人」として扱えば、相手は期待に応えてくれるのです。

シチュエーション

どうしても期限内に終えてほしいとき

×

納品はギリギリ今月末までにお願いします

○

納品は来週末までにお願いします

（期限に余裕を持たせて）

最初からギリギリのデッドラインを伝えてしまうと、相手はギリギリのスケジュールで進めようとするので、想定外の事態が起こって締め切りに間に合わなくなることもあります。どうしても期限内に終えてほしいときは、最初はバッファ（ゆとり）をとって依頼したほうが双方のため。

人間とは「明日までに」と依頼されれば、今日時間があっても「明日でいいか」と思うし、「来月末まで」と言われれば、ギリギリにならないとやらないもの。それが順調にいけばいいのですが、思いのほか手こずったり、緊急の仕事や事情が入ってきたりすると、納期に間に合わない可能性もでてきます。

Point 1 頼む前に「できれば守ってほしい期限」と「どうしても守ってほしい期限」を決めておく▼編集者さんも著者に対して、ある程度バッファ期間をとって依頼するもの。大抵は苦しい展開になるのが予想されるため、「できれば守ってほしい期限」と「どうしても守ってほしい期限」の二段構えで、その間で終わらせるようにするのです。

Point 2 最初は早めの期限を提示する▼どうしても期限内に終えてほしいときは、デッドラインを前倒しで伝えます。「それはムリ」と言われても譲歩の余地があり、逆に頼んだ相手から「時間を与えてくれてありがとう！」と感謝されることもあります。

商品の制作を発注するときに最初は「○○万円の予算で」と、オーバーするのを前提で低めに伝えたり、3日間休みたいときには「1週間休ませて」と大きく頼んだり。要求の難易度を「高→低」の順で提示することで、受け入れてもらいやすくなるのです。

シチュエーション

部下や仕事仲間に「無理難題」をお願いするとき

×

この仕事を3日で仕上げてほしい。
これくらい簡単でしょ

○

無理を承知でお願いするのですが、
3日で仕上げることはできますか？

難しいことを当然のように押しつけてくる上司は、信頼されず、「そんなの無理です!」と反発されるか、我慢させて不満をもたれるかのどちらか。「相手に負担を強いる」と認めて、相手の気持ちに寄り添い、丁寧な頼み方をすることが大事。

会社の仕事というのは無理難題に満ちているもの。「予算がない」「時間がない」「人手が足りない」などで多くの無理難題をお願いすることが多くあります。そのときに、どんな頼み方をするかで信頼が厚くなるし、反対に信頼を失うのです。

Point 1 「無理難題」を正当化せず、〝負担への配慮〟を▼「自分もそうだった」「仕事だから」と正当化したり、「これくらい簡単でしょ」といい加減なことを言ったりすると、「いやいや」と相手の抵抗は必至。無理難題こそ「たいへんだと思うけど」「忙しいのはわかっているけど」と寄り添って頼むことが肝心です。

Point 2 人は「なにを頼まれたか」でなく、「誰に頼まれたか」で動く▼「無理を承知で、3日で仕上げてほしい」と同じことを言っていても、嫌われている上司だと「いきなり言われても……」となるし、好かれている上司だと「よっぽど困っているんだろう。ここは一肌脱ぐか」となります。上司のなにが違うかというと、日頃「相手を大切にしているか」に尽きます。第3章で書いたように相手を気にかけ、ほめたり、相手を許したり、感謝を伝えたりする習慣があれば、両者の間に信頼関係が築けているので、「この人の頼みなら」と思ってもらえるのです。

シチュエーション

なんとかやってほしい依頼を断られたとき

×

こんなに頼んでいるのに、ダメなんですか？

×

そこをなんとか。ほんとうに困っているんです

〇

どのあたりが不安ですか？

依頼を断られたとき、①ほかの人に頼む　②自分でやる　③別の解決方法を考えるなどの対応がありますが、どうしてもその人にお願いしたいという場合、もう少し交渉したいもの。「ダメなんですか？」と逆ギレするのは論外、「そこをなんとか」とゴリ押しするのも相手に迷惑。相手の不安を取り除いて、引き受けてもらう道を柔軟に探りましょう。

「営業は断られてから始まり」と聞いたことがありますが、頼みごともそれに通じるものがあります。相手は少しでも不安材料があると、「できません」「自信がありません」となってしまいます。しかし、それは〝情報不足〟で不安なことが多いのです。

Point 1　断られたときこそ、相手に寄り添う ▼断られるとショックのあまり、相手に「冷たい人だ」などとネガティブな印象をもってしまいがち。ですが、それでは敵対したスタンスになり、人間関係もギクシャクするでしょう。断られたときこそ「むずかしいですよね」と寄り添い、相手の選択を尊重して。

Point 2　「なにが問題か」を聞いて交渉、またはつぎにつなげる ▼交渉の余地がありそうなときは「どのあたりが不安ですか？」「いちばん自信がないのはどこ？」と聞いて、不安を払拭することに注力。「いま忙しいなら、時間をおいてお願いしますね」「じゃあ、この部分だけでもできますか？」「私がサポートします」など話をするなかで折り合いをつけることもできます。その場かぎりではなく、長期的な目で見ることが大事。できない場合は「そんなこともある」と受け入れて、どんな頼みなら聞いてもらえるのか、どんな頼み方をすればいいのか考え、つぎにつなげていきましょう。

シチュエーション

断るのが苦手そうな相手に頼むとき

×

この仕事は、あなたにやってもらわないと困ります

×

今日は時間がありますか？

○

急な頼みごとで申し訳ないんだけど……

○

むずかしいときは、遠慮なく言ってくださいね

立場の弱い人、気が弱くてなにも言わないタイプ、責任感が強くて我慢をしそうな相手など、「無理をさせてしまう」と感じる相手には、断りやすいように逃げ道を用意してあげるのが思いやりというもの。

頼みごとは、それを引き受けてもらうことに成功するより、相手を尊重して、いい人間関係を継続することを優先したほうが賢明。無理をさせて関係がこじれると、気軽に頼めなくなります。信頼関係があれば、今後いくらでもお願いできるのです。

Point 1　プレッシャーを与えず、自発的な気持ちを引き出す▼断りにくい相手に圧をかけるのは厳禁。「時間ある？」「空いてる？」など外堀を埋めて頼むのも息苦しさを感じます。相手の力になろうとする積極的な気持ちを引き出して。

Point 2　あえてネガティブなことを伝えて断りやすくする▼「急な頼みだけど」「忙しいのはわかってるけど」など、相手の負担を盛り込むと、相手は「この人はわかってくれる」と安心して断れるし、「問題ないです」と気持ちよく引き受けてくれます。

Point 3　「むずかしいときは言ってね」と断る選択肢も用意する▼「忙しかったら無理しないで」「またお願いすると思うので」と安心させることが、つぎにつながります。相手の本音がわかれば、「私もフォローします」など安心させてOKをもらう道も。

最初に「断っても大丈夫」と選択肢を用意するのは、断りにくい相手への配慮。立場的に断りにくい人もいるので、上の立場の人はつねに気をつける必要があるのです。

シチュエーション

リーダーや担当を任せたいとき

×

嫌だろうけど、仕方ないですね

×

一度やってみるといいですよ

○

不安もあると思いますが、困ったときはいつでも私がフォローします

○

最初は覚えることも多いけれど、慣れると仕事の幅も広がりますよ

役職やプロジェクトリーダー、なにかの係など任せるときは、「なぜあなたに頼むのか」その理由を伝えるのが肝心。新しい立場になるのは誰でも不安なので、相手の気持ちに寄り添って不安を払拭してあげましょう。

役職や担当を任されるとき、喜んで引き受ける人もいる一方、多くは二の足を踏んでしまうでしょう。誰しも先がわからないことは不安なのです。

「嫌だろうけど」というネガティブ発言、「やってみるといい」という他人事発言は、ますます不安を募らせます。役職や担当は無理に押しつけると人のせいにしたり、愚痴を言ったり。自分から「やってみよう」と思ってくれることが大事。

Point 1 相手の不安な気持ちを解消する▼「不安もあると思います」と寄り添ったうえで、「フォローします」「なんでも聞いてください」「どんどん失敗してもいいですよ」など、支えたい気持ちや、おおらかに見守っていることなどを伝えてあげましょう。

Point 2 デメリットとメリット、どちらも伝える▼いいことしか言わない営業担当より、正直にプラス面と同時にマイナス面も伝えてくれる営業マンのほうが信頼されるものですが、頼み方も同じ。相手が不安になっているときは、「ぜったいやったほうがいい」「すごいチャンスですよ」など抽象的にいいことしか言わないのは、逆に不安にしてしまいます。「たいへんなこともあるが、いいことも大きい」と、どちらも伝えたほうがリアルで、説得力があります。

シチュエーション

チャレンジ精神旺盛な人に頼むとき

×

失敗したらたいへんなので、くれぐれも慎重に……

○

この仕事は初めての試みなので、うまくいけば面白い展開になりそうです

×

誰でもできる簡単な仕事だから、すぐに終わりますよ

○

市場に詳しい○○さんにしかできない仕事だと思います

好奇心やチャレンジ精神が旺盛な人は、あまり失敗を恐れず、少々むずかしいことも喜んでやる傾向があるので、水を差さないことが大事。〝やりがいのある挑戦〟を一緒になって楽しみ、応援しましょう。

挑戦してなにかを達成することが好きな人は、「やりがいのあること」として頼むと、一気に火がつき、放っておいても走り始めます。依頼者が「失敗したらたいへん」「慎重に」などとブレーキをかけることを言ったり、負担をかけない気遣いのつもりで「誰にでもできる簡単な仕事ですよ」と言ったりすると、トーンダウンすることに。

Point 1　ワクワク感を共有する▼まだ見ぬ世界に向かって希望をもって進むとき、人はワクワクするもの。「実現したら面白いことになりそう」「みんなに喜んでもらえることを考えると、楽しみ」など、一緒にワクワク感を共有しましょう。「初めて」「誰もやっていない」「難易度が高い」「めったにない」などのキーワードを使って。

Point 2　「あなたにしかできない」を強調▼冒険家は誰もできないことほどやる価値があると思うもの。プロジェクトを任せるときは「これまでにないものに仕上げてくれると期待して、○○さんにお願いした」など、その人に頼む理由をちゃんと加えて。

チャレンジ志向の人はドーパミンといわれる脳内の刺激物質がエネルギー源。簡単な作業でも「時間や丁寧さなど目標をつくるとゲーム感覚で楽しめる」「簡単なことでも続けると、大きな力になる」とわかれば、前向きに取り組めるはずです。

シチュエーション

依頼相手に"ダメ出し"をするとき

×

うーん。これじゃ全然ダメ……

×

こんなことは頼んでいない。
説明したのになにを聞いていたの？

○

一点だけ修正を加えてほしい。
あとはよくできていましたよ

○

この部分が気になるのですが、
どうしてこうしたのかな？

頼まれたことを一生懸命やったのに、「うーん」と渋い顔をされるのは辛いもの。「全然ダメ」などと全否定されると、落ち込んで、二度とやりたくないと思うでしょう。修正を加えてほしい部分を明確にして、ポジティブに伝えて。

頼んだとおりにやってくれなかったり、勘違いして進めたりすることは、よく起ること。心配なときは、ときどきチェックしたり、定期的に報告をもらったりして早めに修正することが大事です。〝ダメ出し〟がさらりとできるようになると、頼みごとも気軽にできるようになります。

Point 1 **「これはダメ」ではなく「ここを修正すればよくなる」と前向きに** ▼ダメな点ばかりに目がいきがちですが、それはほんの一部。できている部分をあたたかく評価することが、頼んだ相手への敬意と感謝。「ここだけ修正すれば、完璧」など、最後はポジティブにまとめて。

Point 2 **敵ではなく、味方として「どうして？」と質問** ▼自分の期待と違っても、相手のやり方のほうが相応しいこともあります。「どうしてこうしたの？」と考えや状況説明を聞いて、受け止めてから、改めて改善を提案するといいでしょう。

Point 3 **怒りやイライラはけっして見せない** ▼思い通りにいかないと怒るのは未熟な証拠。他人がするのですから、自分の期待どおりにはいかないのはあたりまえ。ダメ出しは、〝ほめ〟〝感謝〟とセットにして、明るく、穏やかに言うのがコツです。

シチュエーション

依頼した相手はがんばったが、結果がうまくいかなかったとき

×
気にしないで。あなたに頼んだ私の責任だから

×
残念だけど、結果は結果だから

○
毎日、遅くまでがんばっていたよね。そのなかでいろいろ学んだはずだから、つぎにつながるよ

頼まれた人は「結果が出なくて申し訳ない」と自分を責めているもの。頼んだ人もいくらかショックを受けているので、慰めているつもりでも、追い討ちをかけるように責めた言い方になりがちです。「どう言われたら救われるか」、相手の立場で考えて。

いい結果が出なかったときに「気にしないで」「残念だけど」というのは、被害者的な立ち位置。「あなたに頼んだ私の責任」というのも、相手を責めて傷つける言葉です。依頼に対して一生懸命、応えようとしてくれた相手に、まずは感謝することが先です。

Point 1　**「結果」だけでなく、「プロセス」を肯定、評価する**▼よし悪しの「結果」は一瞬、その前にがんばってきた長い時間の「プロセス」があります。頼んだ人は、結果よりも、それに費やした労力、時間に感謝したいものです。「結果がすべて」「結果が出ないと意味がない」と言っている人は、ものごとを長期的に見ていないからです。

Point 2　**「失ったこと」ではなく、挑戦、学び、成長など「得たこと」に注目**▼頼んだことに対しての結果は失敗でも、うまくいかないときほど多くの学びを得ているもの。責める側ではなく、励ます側にまわって、挑戦したことや、前向きに進んできたことを肯定しましょう。依頼した人が結果をポジティブに受けとめることで、依頼された人も救われ、つぎに進めるのです。

シチュエーション

やってくれたことに感謝するとき

×

すみません

○

ありがとうございます。○○さんのおかげで、すぐに解決できました

（"Iメッセージ"で自分への影響を感謝）

○

ありがとうございます。○○さんの迅速な対応、すばらしかったです

（行動をほめて感謝する）

○

ありがとうございます。○○さんがいてくださって、ラッキーでした

（相手の存在に感謝）

○

ありがとうございます。○○さんにお願いしてよかった。スタッフ一同、喜んでいます

（結果への感謝・第三者からの感謝）

頼みごとに応じてくれたことには、思いっきり感謝を示したいもの。感謝をどう表現するかで、つぎの依頼にも快く応えてくれるかが変わります。「すみません」より「ありがとう」のほうが、相手は嬉しいもの。感謝のバリエーションをもって、相手の心に届くように伝えましょう。

頼みごとに応じて尽力してもらったとき、ひと言「ありがとう」だけでは、物足りなく感じることがあります。ゆたかな「感謝」の表現力があると、そのときどきの状況に応じて、効果的に伝えられます。力を貸してくれた相手が「喜んでもらえてよかった！」と自分の行いを誇らしく思えたら、感謝の伝え方は成功したといえるでしょう。

Point 1　感謝のバリエーションをもつ▼「ありがとう」「すみません」だけや、ワンパターンの言葉では気持ちが伝わりにくいのは、儀礼的に感じられるから。感謝のバリエーションをもつことで自分のオリジナルな表現になり、気持ちが表せるのです。

Point 2　力を尽くしてくれたことに2回以上、感謝する▼仕事の頼みごとや休みを代わってくれたこと、相談に乗ってくれたことなど、特別になにかしてくれたときはその場で1回、つぎに会ったときやメールなどでもう1回、場合によっては、さらに折に触れて感謝を伝えて。メッセージカードやプチギフトでお礼をするのもあり。

ある大学の研究で、人は自分が人から「してもらったこと」の35倍、人に「してあげたこと」を覚えているという結果が出たとか。そんな性質もあって、自分が「してあげたこと」は一瞬で忘れ、「してもらったこと」は何度も感謝を伝える必要があるのです。

シチュエーション

さまざまなタイプの人にプロジェクトを任せたいとき

×
このプロジェクトをやるのは、あなたのためでもあります

○
ひとつ上のポジションになったときに、この経験は役に立ちますよ（キャリア）

○
○○さんには安心して任せられると、社長も絶賛していました（尊敬、評価）

○
ベテラン3人にサポートをお願いするので、安心して取り組めます（安心）

○
自分のアイデアを盛り込めるので、やりがいと面白さがあります（やりがい、楽しさ）

○
お客様に喜ばれるし、社会にとっても意味のある仕事です（他者、社会への貢献）

頼みごとをするとき、「お願いします」だけでなく、背景や理由を伝えることは大事。ですが、誰にでも「あなたしかいない」「これはあなたのため」と適当なことを言っていては、反感をもたれます。人それぞれ、モチベーションの源泉が違うので、頼み方も変えて丁寧に伝える必要があるのです。

一人ひとり、〝やる気〟が出るスイッチは違います。大事なことは、相手に「この仕事をやることは、自分にとって意味がある」と思ってもらうことです。

Point 1 その人が「欲しがっているもの」を見極める▼仕事において自分のポジションを上げていきたいキャリア志向の人、承認欲求が高めで尊敬や評価を求めている人、リスクを冒さないで安心、安全な道を行きたい人、やりがいや楽しさが欲しい人、人のために尽力することが好きな人など、求めるものは人それぞれ。「こんな仕事だから、○○さんにとってやる価値がある」という相手への〝報酬〟を盛り込んで頼むと、応じてくれる可能性はぐんとアップ。「収入アップもあるかも」「ランチご馳走しますから」とお金で釣るのは、毎回は通用せず、相手にも失礼。その人が大事にする価値観や信条からアプローチしたほうがいいでしょう。

Point 2 まわりの人を普段から観察する▼人の価値観は、普段の生活に反映されているものです。仕事をバリバリしたい人、家庭を優先したい人、学ぶことや新しい経験が好きな人など、その人の大事なものを理解しておくと、頼みごとをするときだけでなく、人間関係の摩擦が減り、助け合えることが増えるはずです。

有川真由美

作家、写真家。鹿児島県姶良市出身。台湾国立高雄第一科技大学応用日本語学科修士課程修了。化粧品会社事務、塾講師、衣料品店店長、着物着付け講師、ブライダルコーディネーター、カメラマン、フリー情報誌編集者など、多くの職業経験を生かして、働く人のアドバイザー的存在として書籍や雑誌などで執筆。内閣官房すべての女性が輝く社会づくり推進室「暮しの質」向上検討会委員(2014—2015)。日本ペンクラブ会員。著書に『一緒にいると楽しい人、疲れる人』(PHP研究所)、『運がいい人の「話し方」、運が悪い人の「しゃべり方」』(廣済堂出版)、『「気にしない」女はすべてうまくいく』『みるみる幸運体質になる! 「自分ほめ」』『「やらないこと」を決めるとほんとうの私が動きだす』『こころがフワッとする言葉 オールカラー版』『「振り回されない」女は人生をとことん楽しめる』『マンガでわかる 気にしない人はすべてうまくいく』(以上、秀和システム)など、多数。

頼《たよ》るのがうまい人《ひと》がやっていること

発行日　2025年　5月 10日　　第1版第1刷

著　者　有川《ありかわ》　真由美《まゆみ》

発行者　斉藤　和邦

発行所　株式会社　秀和システム
〒135-0016
東京都江東区東陽2-4-2　新宮ビル2F
Tel 03-6264-3105（販売）Fax 03-6264-3094

印刷所　日経印刷株式会社　Printed in Japan

ISBN978-4-7980-7449-8 C0030